激励

让员工自觉工作的
116个技巧

朱菲菲 / 编著

MOTIVATION

中国铁道出版社有限公司
CHINA RAILWAY PUBLISHING HOUSE CO., LTD.

内 容 简 介

本书是一本介绍激励员工积极工作的书籍，书中介绍了很多激励员工积极工作的实用技巧。

全书共分 12 章，分别从物质和精神两方面讲解对员工的激励之道，如薪酬激励、竞争激励、授权激励、股权激励及信任与夸奖激励等，让企业可以学习到多方面的激励措施。

本书主要站在中小企业管理者的角度来分析如何激励员工积极工作，文中内容采用案例＋理论相结合的方式，能让读者轻松地进入真实的企业管理环境中，更好地了解和学习这些激励方法。本书适合于初创业者、企业管理者、即将成为管理者以及想要了解人事管理知识的读者使用，同时也适合企业员工阅读，了解企业会从哪些方面实施激励措施，以便调整自我适应企业的要求，得到升职加薪。

图书在版编目（CIP）数据

激励 : 让员工自觉工作的 116 个技巧 / 朱菲菲编著 . —北京：中国铁道出版社，2017.9（2022.1 重印）

ISBN 978-7-113-23071-5

Ⅰ . ①激… Ⅱ . ①朱… Ⅲ . ①企业管理－激励－研究

Ⅳ . ① F272.923

中国版本图书馆 CIP 数据核字（2017）第 096791 号

书　　名：激励：让员工自觉工作的 116 个技巧
作　　者：朱菲菲

责任编辑：张亚慧　　编辑部电话：（010）51873035　　邮箱：lampard@vip.163.com
封面设计：MXK DESIGN STUDIO
责任印制：赵星辰

出版发行：中国铁道出版社有限公司（100054，北京市西城区右安门西街 8 号）
印　　刷：佳兴达印刷（天津）有限公司
版　　次：2017 年 9 月第 1 版　　2022 年 1 月第 2 次印刷
开　　本：700 mm×1 000 mm　1/16　印张：18.5　字数：196 千
书　　号：ISBN 978-7-113-23071-5
定　　价：58.00 元

前 言

P R E F A C E

近些年来，企业员工流失率逐步升高，如何留住公司的人才成为令管理者苦恼的重要问题。因此，企业的管理者们开始思考激励员工积极工作的办法。

以往的企业可能都单纯地以"威胁"的方式留住员工，让员工认识到离开公司得不到相应的利益，甚至会以劳动合同期限未满为由，"威胁"员工支付高额赔偿金。照目前的社会形势来看，这种方法对留住员工越来越不奏效了。

所以，激励员工积极工作、持续为公司效力并不是一件容易的事。在当下竞争日益激烈的经济市场中，企业管理者亟须掌握一套完整的激励方法来指导自己管理公司，为公司留住有用人才。

于是，本书在这样的客观条件和主观需求下应运而生，目的就是想通过系统地介绍激励员工的技巧帮助企业学会激励员工，从而让员工对自身的发展前景充满希望，增强其事业心，责任感，满怀激情地投入到工作之中。

本书共分 4 个部分 12 章，具体内容如下。

◎ 第 1 部分：1 ~ 2 章

本部分主要介绍了以实物"钱"作为激励员工积极工作的奖励物品，让员工以获得高薪酬和好福利为奋斗目标，自觉、努力且认真地完成上级分派的任务。

◎ 第 2 部分：3 ~ 6 章

本部分主要从员工的"野心"出发，讲解竞争激励、授权激励、股权激励和晋升激励的方法，让员工以获得一定权力和地位为目标，认真自觉地完成工作。

◎ 第 3 部分：7 ~ 11 章

本部分主要从员工情感的正反两个方面着手介绍激励员工的办法，包括信任激励、榜样与尊重激励、负面激励以及激将激励，从心理角度让员工真正为自己和企业着想，心甘情愿做好工作。

◎ 第 4 部分：12 章

本部分主要总结了前面部分遗漏的一些特殊激励方法，如兴趣激励、娱乐激励以及岗位轮换激励等，起到补充说明作用，真正帮助企业掌握全方位激励员工的技巧。

本书内容紧密结合了当下企业的实际情况，不仅在书中概括了企业常常出现的问题，还结合实际的案例为企业提出了 116 个激励的办法和技巧。本书的读者定位在初创业者、企业管理者和即将成为管理者的员工，同时本书还适合想要了解企业如何对员工进行工作激励的从业者使用。

最后，希望所有读者都能够从本书中获益，在实际的工作中运用好激励方法，激励别人，激励自己，让企业更好的发展。

编 者

2017 年 6 月

目 录

C O N T E N T S

---

01 .CHAP. 薪酬激励最实在，员工笑开花

对于很多参加工作的人而言，工资是生活的主要来源，所以工资对大部分人的重要性不言而喻。作为公司方，如果想依靠员工使公司得到更好的发展，最重要的就是解决员工的薪酬问题。

02 .CHAP.
福利激励创造惊喜，抓住员工的心

随着人们生活水平和质量的提高，很多工作者对公司给予的福利越来越重视，福利的好坏成为应聘者选择公司的重要参考条件之一。

03 .CHAP.
竞争激励营造危机感，员工更自觉

有竞争才有压力，有压力才有动力，该说法同样适合公司的员工。员工之间存在竞争，才能让员工时刻有危机感，为了避免落后就会更加自觉地工作。

04
.CHAP.

授权激励充满诱惑，激发员工责任心

自古以来，权力就是激发人们积极进取的有利工具。很多人为了得到权力，可以最大限度地发挥自己的实力。

05
.CHAP.

股权激励魅力大，公司与员工利益双赢

股权激励是当下企业管理中一种比较新颖的激励措施，也是一种长期的激励方法，为企业留住核心人才起到很好的作用。

06
.CHAP.
晋升激励有盼头，让员工劳有所得

员工晋升就意味着涨工资，也意味着拥有更大的权力。因此，公司对员工实施晋升激励，可以达到激励员工的目的。

07
.CHAP.
情感激励可攻心，为员工卸下包袱

"人情"是不好偿还的东西，也是最能牵动人心的有利"绳索"。公司可从情感激励着手，促使员工努力地为公司效力。

08 .CHAP. 信任与夸奖激励,肯定员工的能力

公司如果能对员工表达信任,同时对员工进行适当的夸奖,肯定其能力,则可以帮助员工建立工作信心,从而激励员工在工作中有更好的表现,为自己和公司创造更多价值。

09.CHAP.

榜样与尊重激励，让员工不再有情绪

要想让员工服从管理，领导者具备较强的能力是不可缺少的条件，这样的领导者才有"资本"对员工的工作做出指点，使得员工不再对领导者的决策和计划有情绪。

10.CHAP.

负面激励约束强，让员工"涅槃重生"

自古以来"惩罚"都是一种有效的负面激励法。这一方法只能消极地应对员工懈怠工作的现象，保证员工的工作进度不会影响到公司的正常运作，并不能真正起到激励员工的作用。

11 .CHAP. 激将激励反守为攻，燃起员工好胜心

激将法乃是孙子兵法中比较出名的一种激励法，很多时候用在企业管理中也同样能创造出惊人的效果。

12 .CHAP. 其他激励少不了，辅助效果好

对于公司来说，在大方向的激励方法中，再结合一些细微的激励方法，可以对激励效果起到辅助和补充作用。

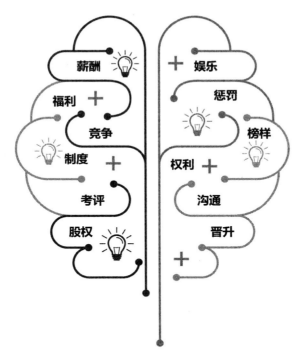

第1章
薪酬激励最实在，员工笑开花

对于很多参加工作的人而言，工资是生活的主要来源，所以工资对大部分人的重要性不言而喻。作为公司方，如果想依靠员工使公司得到更好的发展，最基础和最重要的就是解决员工的薪酬问题，通过薪酬激励凝聚员工的心。

NO.001
如何设计合理的薪酬激励制度

薪酬激励，简言之就是通过提升员工的收入满意度来提高员工工作的积极性，在此基础上提高工作的效率，最终促进企业的发展。在企业盈利的同时，员工的能力也能得到很好的提升，从而实现自我价值。

认真考虑薪酬的构成

站在对员工激励的角度上来讲，可将薪酬分为两类：一是保障性薪酬，如工资、固定津贴、社会强制性福利及公司内部统一的福利项目等；二是激励性薪酬，如奖金和物质性奖励等。

案例陈述

小李在一家食品包装公司上班，最开始是一名普通工人，每天负责流水线上包装袋的生产。相应地，其工资按计件方式计算，给予薪酬。这样对小李来说挺好，做得多，拿到的工资就多。而且在长期的不断磨练中，小李的生产效率越来越高，工资也比较可观。

半年以后，公司看到了小李的进步，决定给其升职的机会，于是小李成为了车间组长。每天除了自主生产包装袋以外，还要管理整个小组的生产任务和琐碎的事情。可当升职后的第一个月工资发下来以后，小李发现了工资还不如之前专门做生产来得多。再一看自己的工资组成，除了生产获得的计件工资外，就只是一小部分奖金。于是，小李找到了经理，询问自己的工资构成情况。经理向小李说明，这只是刚升职的工资情况，以后会按照小李的具体工作表现给予另外的薪酬。

就这样，小李以为日后的工资会让自己劳有所得。可连续两三个月，小李拿到的工资仍然不尽如人意。慢慢地，小李觉得公司的薪酬制度不合理，没有切实考虑到员工的利益，于是为了拿到更多工资，小李开始放松对小组生产的管理工作，重新冲刺自己的生产业绩，这样计件工资还比较可观。一段时间下来，虽然自己的生产业绩很好，但整个团队的生产效率下降。经理发现了这一现象并找到小李谈话，小李向经理说明了自己的想法，经理这才意识到薪酬构成对员工的重要性。为了重拾像小李这样的员工对公司的信心，经理和公司的领导层重新对半管理人员的工资构成做了调整，这让小李感受到自己的付出得到了相应的回报。不久，小李带领的整个团队在公司做出了骄人的生产业绩。

薪酬的构成可以反映员工的工作内容，但是如果薪酬的构成不能与工作内容相匹配，员工会认为自己的付出没有得到相应的回报，工作的积极性就会因此受到打击。

明确哪些薪酬激励制度是有效的

有效的薪酬激励制度往往更多地从尊重员工的"能力""愿望""个人决策"和"自主选择"等角度出发，从而创造员工个人和企业利益的"一体化"氛围。下面就来了解有效的薪酬激励机制。

（1）基于岗位的技能工资制。这是岗位工资体系的创新，形成了一种强调个人知识水平和技能，从而推动员工通过个人素质的提高来实现工资增长的一种工资体系。在这种工资体系下，一方面公司对知识水平高和能力强的吸引力大大加强，同时减少这类员工从公司流失的可能性；另一方面也可激励员工提高自己的能力，最终为企业做出更大贡献。

（2）灵活的奖金制度。目前国内大部分企业奖金已经失去了其原有的意义，变成了固定的附加工资。而实践证明，奖金的灵活性更能激励员工，比如割断奖金与权利之间的"脐带"，使奖金多少与职位高低无关，而是与员工实际的工作成果和能力挂钩；同时，让奖金随着实际工作的情况而变动，同一个人在不同的工作成果下获得不同的奖金。

（3）自助式福利体系。在兼顾各员工公平的前提下，员工所享有的福利和工作业绩密切相关。不同部门采用不同的业绩评估体系，员工定期绩效评估结果决定该期福利的档次。

设计出合理薪酬激励制度的步骤

要将薪酬激励制度设计得更加合理，公司管理层需要掌握具体的设计步骤，具体内容如下。

◆ **第一步**：调查各部门主要的工作内容、任务、职责和工作量。

◆ **第二步**：制定大致的薪酬激励规则，如什么情况下可以获得薪酬奖励、达到什么业绩标准可获得薪酬奖励，以及哪些特殊情况下可以获得薪酬奖励。

◆ **第三步**：对不同部门制定不同的薪酬激励管理制度，列明该部门中薪酬激励的等级标准和具体会涉及的薪酬奖励情况。公司可以在掌握适当的控制权情况下，将奖金发放多少的权利下放给各部门经理或主管，由他们决定各员工实际能够得到多少奖金。

◆ **第四步**：不定期抽查员工对公司薪酬激励制度的感想，建立员工匿名提意见和举报通道，及时获取员工对薪酬激励制度的反馈；同时监督并审查公司管理人员，是否严格遵守公司的规章制度，是否做到公平公正对待每位员工。

◆ **第五步**：在不断的实践过程中，公司要积极采纳员工和各管理人员的意见，修改并完善薪酬激励制度，从而保证和提高员工对薪酬激励制度的满意度。

另外，薪酬激励制度的合理，还要做到"四个化"，即薪酬激励战略明确化、薪酬激励政策透明化、薪酬激励措施长期化以及薪酬激励待遇货币化且社会化。合理的薪酬激励制度要达到三个目的，一是提供具有市场竞争力的薪酬，以期吸引有才能的人；二是确定组织内部的公平，合理确定企业内部各岗位的相对价值；三是薪酬必须与工作效果和效率挂钩，激励员工的工作动机。而公司可以通过这三个目的来检测企业的薪酬激励制度是否合理。

NO.002
如何确定新员工的起薪

企业在招聘新员工时，确定起薪是一件比较困难的事，特别是对于公司急需的非高级专业人才，如果公司不提供高薪，则很可能导致招聘的周期延长；如果提供高薪，则会让公司内部同等能力的老员工感到不公平。怎样才能科学地确定新员工的起薪呢？一般来讲确定起薪的标准取决于如下几个因素。

◆ **员工的生活费用**：如果薪酬不能让员工维持基本的正常生活，员工肯定会跳槽。

◆ **同地区同行业的市场行情**：如果公司的起薪与其他公司没有同等水平，很可能增大招聘的难度。因为对于应聘者来说，起薪没有竞争力的公司往往不被看好。

◆ **新员工的实际工作能力**：在满足前两个条件的基础上，新员工的起薪应与公司同等工作能力的老员工持平，考虑到工作年限的差异，可以比老员工稍低一些。

◆ **新员工在前一份工作中获得的薪酬水平**：除非企业有很强的综

合吸引力,否则新员工大多数都希望薪酬能比原单位有所提高，如果没有提高至少要持平。

◆ **企业的支付能力**：员工的薪酬水平与公司的财务状况有很大的关系，如果公司的经营状况不好，财务吃紧，则可能提供不了较高的起薪。

如此看来，确定新员工的起薪确实不是件容易的事儿。但并不是所有员工的起薪都难确定，其中有三种员工的起薪比较好确定：一是普通部门的职能员工，如行政文员和人事助理等；二是公司非急需的专业技术人员，包括高级专业技术人员；三是应届毕业生。这三种员工的起薪一般可以根据公司的薪酬政策确定。

根据上述这些因素定出的起薪，并不是所有应聘者都可以接受，尤其在对急需岗位的招聘中，容易产生起薪标准的问题。

案例陈述

某公司由于需要实施一个项目，所以急需招聘两名工程人员。按照正常的起薪标准，公司已经找到了一名工程人员严某，而另一名工程人员迟迟不能招聘到位。如果这时有一位应聘者齐某与严某的能力相当，但起薪却要求高出 1 倍。公司此时是答应齐某的要求还是继续寻找下一个应聘者呢？

如果公司答应了齐某的起薪要求，势必会让其他员工不满，尤其是之前招进公司的工程人员严某。虽然很多公司都实行了薪酬保密制度，但纸包不住火，如果这种怨气形成了一定气候，公司最终的妥协办法只有提高所有员工的起薪标准，这样一来，势必会加重公司的经济负担。

而如果公司不答应齐某的起薪要求，则很可能失去这位工程人员，使公司多付出继续寻找工程人员的时间成本，给公司造成的损失可能比齐某的薪酬数额多得多。

处理此类问题，可以采用工资加奖金的办法。公司可以承诺，如果齐某和严某按要求完成了项目，可以给严某和齐某两名工程人员发放相应的奖金。其中不同的是，齐某的奖金可以提前支取，且每月支取的奖金额度是齐某的起薪要求数额与严某起薪数额的差额。这样一来，既可以间接满足齐某的薪酬要求，也不会因为起薪问题而造成其他员工的情绪波动。

上述案例中讲到的只是其中一种思路，由于每个公司的具体情况不同，在具体实施过程中，需要配合一些其他的薪酬制定技巧。在具体着手解决新员工起薪问题之前，公司方要明确一些原则，比如管理的稳定性和保证公司当前利益等，根据公司的具体需求和管理的重点，找到适合公司发展的新员工起薪确定方法和方案。

通常来讲，公司可以先查看同地区同行业的起薪水平，再根据市场当前的 CPI（居民消费价格指数）指标，初步确定新员工的起薪，然后对比该起薪标准与新员工前一份工作的薪酬标准，同时考察新员工的实际工作能力，对初步确定的起薪做相应的调整，最后在公司可以支付的能力范围内确定新员工的起薪。

NO.003

怎样加薪让员工更有干劲

员工对薪酬的增长是刚性需求，为了满足这一刚性需求，更好地激励员工，使员工更有干劲，各企业一般都会给员工进行适当的加薪。那么，具体该怎样加薪？什么条件下才加薪？加多少才合适？这些问题一直都是企业管理者和HR（人力资源管理者）苦恼的事情。实践证明，全方位的加薪制度可以在很大程度上鼓励员工，为企业留住人才。而全方位的加薪制度包括如下方面。

（1）转正加薪。员工入职时，试用期的薪资一般为转正薪资的80%，而根据岗位的重要性和试用期长短会有不同的档次，如70%或90%。这其中有如业务类和技术类等特殊岗位，入职时只约定试用期薪资，员工转正时根据试用期考察情况，对试用期的工作进行评定，是终止试用、延长试用还是如期转正。如期转正的，一种是正常转正，公司可按入职时约定的转正薪资确定员工的薪酬构成；一种是入职时没有约定转正薪资的，按照员工在试用期的实际表现及技能，确定员工的转正薪资。转正薪资的确定是员工加薪的一部分。

（2）升职加薪。很多公司按照正常程序，都会对升职的员工薪酬进行调整，实际上就是加薪。这样可以促进不同岗位的员工积极做好自己的分内工作，同时激励其他员工向升职员工学习，努力工作，以期获得加薪的机会。

（3）特殊加薪。这一加薪措施一般是在员工做出了重大贡献或技术水平提升显著时实施；另外对公司的潜力股员工也可以给予适当的特殊加薪，鼓励其更加努力地工作。公司一方面要积极采纳员工的加薪申请，通过公司严格的审批流程确定是否加薪和加薪多少；另一方面，公司要主动发现员工的努力和付出，及时主动地为员工加薪。两方面同时实施，可以避免无意中忽视了某些员工需求的情况。

（4）年度调整薪酬。这一措施要根据公司具体情况而定，有的公司是普调，所有员工的薪酬都会有所增加；而有的公司财力不够，可能只会调整部分员工的薪资；还有的公司可能会按照不同部门工作任务的轻重或上一年度完成工作的表现来制定出不同的调整比例。这样差别化的薪酬调整，可以让员工们意识到"多劳多得，能力决定薪酬"的公司管理原则，从而激励员工不断提高自己的工作能力。而且制定的加薪制度公开、透明，使员工工作起来更有干劲。

案例陈述

庄女士是一家大型服装生产公司的高管，也是负责人事部门工作的经理。在一次面试的过程中，人事主管向庄女士询问公司的加薪制度。庄女士很不解，主管在公司待了一两年了，怎么还问这个的问题。主管说明了原因，原来是有很多面试人员在面试时提出了这个问题，但主管不知道如何回答才能既不夸大公司的加薪制度，又不让应聘者失望而走。

得知原委后，庄女士到面试厅接见了各位应聘者，并说明了公司的大概加薪制度。除了正常的转正加薪和升职加薪外，每年还会根据员工的个人表现进行薪资的年度调整，如果其中有特殊情况需要加薪的，公司也会酌情考虑。尔后，庄女士又请部门的相关人员将公司的加薪制度整理成文件，发到各组组长或者主管手中，方便公司员工查阅。

公司的员工在清楚明了公司的加薪制度后，对公司的管理满意度提高了，对发展前景充满了信心，都想铆足干劲儿冲业绩，希望获得加薪的机会。

令庄女士很不解的是，自从将加薪制度以文件的形式展示给公司员工以后，员工们的工作效率有了明显的提高，尤其是销售部门的业绩增长速度加快。为了弄清楚其中的缘由，庄女士私下找了一些员工谈话，这才意识到当时的一个小小举措，给公司带来了如此积极的影响。

由此可看出，加薪制度对员工的激励作用很大，毕竟拿到手中的钱是实打实地增加了。因此，公司要激励员工，可以合理利用对员工最具吸引力的加薪制度，从而提高员工的工作积极性。

NO.004
研发人员的薪酬激励怎样实现

对于高新科技企业来说，创新是企业生存和发展的灵魂。但是由于创新项目研发周期过长或项目半途夭折等原因，造成项目技术人员无法及时拿到薪资的问题，会严重影响技术人员的工作积极性。所以，对项目技术人员进行有效的薪酬激励是高新科技企业保证正常经营必要措施。从大量实践案例中总结出对研发人员的薪酬激励办法如下。

◆ **项目津贴** 根据项目的难易程度不同确定不同的项目津贴金额，以及通过项目过程中的履职情况和所承担角色的性质确定津贴标准。

◆ **以新增新产品的收益作为奖励**：将设计出的新产品所获得的收益按照一定比例奖励给研发人员，以提高研发人员的设计研发速度和研发积极性。

◆ **优化完善老产品的慰问奖励**：当研发人员对老产品进行了一定的优化完善后，如果产品的质量明显提高，甚至成本明显降低，则对研发人员给予一定的奖励，以鼓励技术人员在开发新产品的同时也要不断完善优化老产品。同时也能靠这一薪酬激励来提高员工的工作积极性。

◆ **补偿精神损失的薪酬激励：**对于高新技术企业的研发人员来说，需要耗费比常人更多的精力做研究，公司可以在研发人员的薪酬构成中加入精神损失补偿部分，并时刻关注研发人员的身体状况，让研发人员感受到公司的关心，从而努力地工作。

下面就来看看某液压股份公司是怎么制定研发人员的薪酬激励方案来鼓励员工积极工作的。

案例陈述

某省的一个液压股份有限公司是该省的高新技术企业，具有 30 年从事高压柱塞液压泵和电动机研制生产的技术经验，同时也是一家从事军用高压柱塞泵和电动机研发的专业化企业。经过 40 余年的创业发展，已经成为军民结合型航空航天和民用工程机械配套液压泵与电动机科研生产的专业化大型骨干企业。随着外贸出口不断增长，产品已远销国内外，赢得了国内外用户的好评。

公司虽然取得了骄人战绩但也存在着明显的问题。由于该公司主要产品是液压配件，不是产业链上的最终产品，需根据主机型号来开发配套产品，一旦主机型号改变，液压配件就要进行重新设计和研发。这一情况导致设计部门的研发项目总是在外界影响下半途夭折，项目没有完成但研发费用已经投入很多，使研发人员的项目研发奖金化为泡影，工作积极性受到严重打击，工作开始得过且过，甚至有部分研发人员萌生了"跳槽"的想法。

公司为了摆脱这一困境，紧急召开了高层领导会议，并聘请了某知名顾问团队为公司出谋划策，指明了对研发技术人员进行有效薪酬激励的新思路。

首先，该液压公司主要是新产品开发、产品设计和工艺改进等技术性项目，涉及到的技术人员有设计人员、工艺人员、工装设计人员和质量技术人员等。对这些研发技术人员采取项目津贴的模式进行激励，设定、发放和分配的方式主要根据项目的难易程度和承担角色责任的重要程度决定，如表1-1和1-2所示。

表1-1　项目难易程度和对应津贴情况

项目难易程度	难易程度定义	项目津贴
特级	指开发全新产品，开发风险大、周期长，预期在发展方向、销量和效益等方面有很大发展空间的项目	m元／（月·人）
1级	对原有产品进行大改动，开发风险较大，周期较长，预期在发展方向、销量和效益等方面比原来增长有较大空间的项目	n元／（月·人）
2级	对原有产品进行一半的改动，开发风险中等，周期适中，预期在发展方向、销量和效益等方面比原来有明显增长的项目	x元／（月·人）
3级	对产品进行小部分改动，开发风险低，周期短，保证产品销量不下降	y元／（月·人）

表1-2　项目人员承担的角色责任与奖金系数

承担的角色和责任	奖金系数	备注
主要责任	A	采取预发制，按月核算金额并发放，将项目周期按照月度分段计算金额。另外，按照自愿选择和组织分配结合的方式，鼓励技术人员多劳多得，参与多个项目。对于无法履行责任或不胜任工作的技术人员，采取降低等级的方式考核工作能力，并发放相应的薪资
辅助责任	B	
参与配合	C	

其次，公司将新增新产品收益的 15% 作为研发人员的额外奖金，鼓励研发人员提高设计研发速度，从而在增加个人收益的同时增加公司的效益。

最后，适当地给研发人员派发精神损失补偿，关注研发人员的工作状态，确保研发人员情绪稳定、头脑清醒且工作状态良好。

公司与该顾问团队使用该方法，成功地实现了能力高者多得、参与多者多得、贡献大者多得以及付出与回报对等的理想目标。同时让研发人员深刻领会到，其收入的高低完全与自身的能力、责任和贡献息息相关，想要浑水摸鱼、少劳多得是不可能的。

通过该顾问团队和公司的共同努力，成功解决了公司存在的如何对研发技术人员进行有效薪酬激励的问题，研发技术人员的积极性得到了很大提高，对公司的不满情绪日渐消除，再没有技术人员抱怨公司待遇不好。同时，由于研发人员的工作积极性提高了，为公司创造了更多的价值，公司也就得到了快速的发展，真正实现了员工和企业的双赢。

通过上述案例可以发现，对研发技术人员进行有效的薪酬激励是高新技术企业实现长远且飞速发展的关键点。如果将一个企业，尤其是高新技术企业比作一辆汽车，那么研发技术人员就是发动机，对研发技术人员进行有效的薪酬激励犹如为发动机提高了动能，使发动机发挥更大的驱动作用，驱使车辆快速而平稳地前行。

NO.005
销售人员薪酬如何定

当今社会，较低的岗位进入壁垒，使得销售人员经常在各个企业或各个行业之间跳来跳去，而这种现象在有一定工作经验的销售人员中出现得最多。而导致销售人员工作流动性大的原因有很多，但最主要的一点就是薪酬水平的高低。

市场占有率和市场生命力决定了企业的生命力，而销售队伍的生命力决定了市场的生命力。因此，要使企业的发展有保障，销售人员的工作质量至关重要。提高销售人员的工作质量有效的方法就是薪酬激励，而销售人员的薪酬与业绩挂钩最简单、最容易。

销售人员薪酬构成

销售人员的薪酬除了基本工资以外，还有提成、奖金和津贴等部分。以销售人员的销售技能、工作的复杂程度、责任大小及劳动强度为基准，按其完成的定额任务（或法定时间）的实际劳动消耗而给付的工资称为基本工资，其在销售人员的总薪资中所占比例因企业、职位和时期的变化而变化；对销售人员超额完成任务以及优异的工作成绩和表现给付的薪资称为奖金，用于鼓励员工提高工作效率和工作质量；为了补偿和鼓励销售人员在恶劣的工作环境下劳动而给付的工资称为津贴，如交通和通信等补偿。

决定销售人员薪酬的依据

作为公司方，可以将销售人员付出的实际劳动、销售人员职位、受教育程度、销售经验、为公司服务的年限（工龄）、企业负担能力、销售人员薪酬地区差异、行业间薪酬水平差异和劳动力市场供求状况等因素作为决定销售人员薪酬的依据，从而确定出适合销售人员的薪酬管理制度。

企业在确定销售人员的薪酬时，对提成或奖金的确定，可以采用以下 3 种方法。

◆ **直接提成**：销售人员的提成与销售和服务的额度形成固定比例，如 100 元的销售额付给 5% 的提成就是 5 元，销售额为 1000 元，提成就是 50 元。

◆ **累进制提成**：随着销售人员的销售额或销售量增加，提成的比例随之增加，如销售 100 件商品，提成为 3%；销售 200 件商品，提成为 5%；销售 300 件商品，提成为 8%……以此类推。

◆ **固定＋累进提成**：公司提前设置一个销售水平，销售人员超过该水平后，每增加一个销售单位，提成的比例相应增大。如当销售人员销售超过 200 元后，每多销售 50 元，提成比例增加 0.5%。当然，具体的比例要根据公司的实际情况而定。

NO.006
绩效与薪酬挂钩，公司与员工一同发展

　　在员工薪酬结构中，绩效与薪酬挂钩成为"绩效工资"，而绩效工资体现的是薪酬三大公平理论中的"自我公平"，员工根据自己的付出程度来衡量自己的回报是否公平。但员工对薪酬的满意度常常是很复杂的，很多时候并不像薪酬设计者期望的那样。绩效工资的出现就是要对"自我公平"和"内部公平（员工之间）"负责，除了要在考核指标和组织流程设计上下功夫外，绩效工资的算法也很有讲究。

案例陈述

　　某企业一直以来都以"员工实际绩效工资＝员工理论绩效工资 × 员工考核成绩"这一公式计算员工绩效工资，虽然计算方便，但无法保证考核过程的公平公正。因为不同的考核主体对考核标准的理解和把握尺度有所不同，很可能导致考核结果出现误差，造成薪酬公平理论中的"内部不公平"，也无法体现出团队绩效对个人绩效的影响。另外，该计算方法很可能造成薪酬总额的失控，因为在绩效考核方案中，为了尽可能提高员工的积极性，考核常常上下不封顶，直接运用考核结果来计算绩效工资就会导致绩效工资忽高忽低，难以预算和控制薪酬总额，不利于计划管理。那么要如何才能使绩效工资的计算更合理呢？

在该企业的人事部和管理层的共同讨论下，决定将计算员工绩效工资的公式更改为"员工实际绩效工资＝员工理论绩效工资 × 员工考核成绩 ×（员工考核成绩／部门所有员工考核平均成绩）"。分析该公式，若员工考核成绩没有达到部门所有员工考核的平均成绩，即公式中括号里的商小于 1，说明员工获得的绩效工资将少于员工理论绩效工资和员工考核成绩的乘积。员工绩效没有达到员工的平均绩效水平，说明拖了部门员工绩效的后腿，获得的绩效工资少是合理的；反之，员工的绩效达到部门员工的平均绩效水平，则括号中的商大于 1，说明员工拉动了部门的绩效，获得的绩效工资高于员工理论绩效工资和员工考核成绩的乘积也是应该的。

有了这样的区别，员工们意识到自己的绩效工资与部门总绩效水平相关。为了提高绩效工资会更加努力工作，因为一旦懈怠，个人绩效工资将受到个人绩效成绩和部门绩效成绩的双重影响。这一小举措极大地提高了员工的工作积极性和主动性，带动了员工和公司共同发展。

从上述案例中可以看出，绩效工资的算法很重要，可以真正体现员工工作能力和劳动所得的关系，掌握其中的技巧可以规避"内部不公平"的问题。

NO.007
考评要及时，兑现要迅速

很多公司都会对员工的工作成绩进行定期考核，然后根据考核结果给予相应的奖励。但是在具体实施考核工作时，公司方要注意考评的及时性和奖励兑现的速度。

案例陈述

秦先生在一家自产自销的服装贸易公司上班，是销售部门的经理。可以说整个公司的盈利重心都在销售部门身上，销售业绩好，公司盈利就多，业绩不好盈利就少，因此销售部门的责任重大。为了鼓励销售部门的员工积极工作，公司提高了销售人员的绩效工资发放标准，相关文件一经下发，销售部门的员工干劲更加十足。

但一个月后，在即将发工资的前一天，部门里还没有将各员工的上个月绩效考核成绩做出来，工资不得不延迟发放。很多销售人员觉得当初真是空欢喜一场，公司明显就是拿着一张"空头支票"哄骗员工们工作，实际上并没有把员工的利益放在心里。不能按预期时间拿到工资和奖金，员工们心里很不满，工作也开始漫不经心、得过且过。没过几天，秦经理发现了这一现象，找到几个员工了解情况，这才意识到事情的严重性。于是亲自跟踪员工绩效考核工作的进展，绩效考核成绩很快就做了出来，员工们终于拿到了自己的工资和绩效奖金。公司经理就此事向员工们道歉，并且保证以后每个月绩效考核将在固定时间进行公布，工资和奖金等也会在规定的时间及时发放。

由此看来，若考评不及时，员工会认为公司对考评工作不负责任，进而会怀疑考评结果的真实性，尤其是在考评结果没有达到员工的预想水平时，更会觉得是公司故意克扣了员工的绩效工资或奖金。即使公司按正常的流程计算出员工的绩效工资或奖金，也无法消除员工对公司的不满，这就是"公司对考核工作不负责任"的想法先入为主产生的后果，将公司置于不被员工信任的境地；如果考评及时，但公司兑现给员工的绩效工资或奖金等迟迟不发放，也会让员工感到不满，而且还会怀疑公司的财务可能出现了问题，严重时还会使员工们产生离职的想法。所以，考评不及时和兑现不迅速都会给员工带去负面情绪，影响公司的声誉和利益。

由此可知，考评及时可以让员工看到公司做事严谨，从而相信公司的管理，更加有信心有决心好好干，提高工作的积极性；及时将绩效工资或奖金等兑现给员工，员工拿到实实在在的钱，心情舒畅了，工作起来更顺心，工作效率也会因此提高。

NO.008
多劳多得制与效果考核共同决定薪酬

公司采取"多劳多得"的制度给员工派发工资并没有错，但如果"多劳"没有注重质量，则公司派发的工资将是一种损失，对于想简单地以数量取胜的员工来说是一种放任，而对认真工作注重质量的员工来说就是一种"不公平"待遇。因此，公司在采取多劳多得制度时要结合工作效果考核来共同决定员工的薪酬。

案例陈述

夏女士在一家食品生产公司上班，产品的质量要求很高。夏女士是一个严谨且负责的人，所以在公司的表现很好。最初效率不高，拿到的绩效奖金较少，但夏女士觉得这是合理的。随着工作时间长了，夏女士不仅提高了生产食品的速度，还能保证食品安全的合格率，因此拿到的绩效奖金越来越高。而其同事蒋女士的生产速度也很快，每个月的绩效奖金与夏女士不相上下。起初，夏女士并没有觉得这有什么不好。

由于公司的业务越来越多，生产部门的领导授意夏女士兼管食品生产线，于是夏女士的工作又多了一项"食品质量检查"。这一工作的开展让夏女士发现一个让人心里很不平衡的事，蒋女士生产的产品合格率没有达到标准。这不禁让夏女士想到之前生产部门出现的产品不合格事件和蒋女士的绩效奖金与自己不分上下的事实。夏女士觉得，自己工作认认真真，生产的产品合格率高，为什么绩效奖金却和工作散漫、产品质量不过关的蒋女士一样？为了给自己争取到合理的利益，夏女士好几次想找生产经理说明情况，但都在犹豫后放弃了。

生产部门经理有好几次到车间巡查都看到夏女士心不在焉的样子，最后找到夏女士了解情况，夏女士这才说出了自己心中的不满和困惑。为了鼓励像夏女士这样的员工，经理和上级领导决定将生产部门员工的绩效奖金由生产数量和质量共同决定，只有两方面都达到要求才能真正享受多劳多得。在新规定公布后的第一个月，夏女士和蒋女士两人的绩效奖金差距就出来了，其他一些员工的绩效奖金有了明显的差别，很多员工都明白了其中的缘由，于是原来工作绩效好的员工更加有干劲，而原来工作懈怠的员工意识到了危机感，也开始铆足劲儿工作。

如此看来，公司将多劳多得制与工作效果一起考虑来决定员工的薪酬，更能体现出公司对待员工的公平原则，让真正有能力的员工得到应得的报酬，让混日子的员工意识到危机感，促使其真正积极地工作。

中层以上员工实施 360° 绩效考核

360° 考核法（360° 绩效评估法）是常见的绩效考核方法之一，其特点是评价维度多元化（通常 4 个或 4 个以上），适用于对公司中层以上员工进行考核。360° 考核法又称为全方位考核法，最早由英特尔公司提出并加以实施运用。

该方法是指通过员工自己、上司、同事、下属和顾客等不同主体来了解自己的工作绩效，评论并知晓各方面的意见，清楚自己的长处和短处，以此来达到提高自己的目的。该方法的优点是评估全面，易于对员工做出较公正的评价，同时通过反馈可以促进工作能力的提升，有利于团队建设和沟通。但该方法也存在不可忽视的缺点，因为评估全面，所以评估工作量较大，这其中也可能存在非正式组织影响评价的公正性。

360° 考核法将选择 4 组人员进行考察，分别是与被考核人员有关的上级、同级、下级和客户，每组人员至少选择 6 名。为了保证考核的公正性，公司需要成立专门的考核小组，或者找外部顾问公司来做分析，最后给出报告，报告的原件由公司保管，复印件交给被考核员工。

很多人会问，360°考核法考核的内容究竟是什么？不是员工工作是否努力，也不是员工工作效率高低，更不是员工工作业绩好坏，而是跟公司的价值观有关的各项内容。考核小组根据 4 组人员对被考核者的了解，判断被考核者是否符合公司价值观的相关内容。

很多公司第一次引进 360°考核法时，多半委托专业的顾问公司进行考核。因为其中包含很多技术，专业的顾问公司有既定的技术和受过训练的人员，再加上经验的累积，成功的机会很大，若第一次便全部由公司自己主导，风险太高，一旦失败，很难再重新拾回员工的信心。

公司对中层以上员工执行 360°考核时，需要按照主要流程和步骤进行，每个步骤都将影响考评结果的成败，具体步骤如下。

◆ **第一步，界定目标**：每次考评首先要知道考评的目的，如了解整个公司大体训练发展需求、中高阶层领导力的表现等。不同的目的会产生不同的问卷，考评的内容和对象也会不同。

◆ **第二步，制定考评的职能标准和相应的主要行为**：若考评的目的是了解领导人员的训练需求，则必须先制定出公司要求一位优秀的领导人所需的职能是什么，可能是分析能力、沟通能力或发展部署才能等。一旦职能确定，就要根据每项职能制定出主要行为，如分析能力的主要行为可能是能辨别事件的因果关系、能搜索不同的资料了解问题并做出逻辑结论等。

◆ **第三步，编制问卷**：根据职能标准和主要行为编制问卷，这其中需要考虑问卷题目的个数和回答问卷所需的时间，时间不宜过长，题目不宜太多。

◆ **第四步，选定被考核者和评估者**：360° 考核法并不是对所有员工都要进行，而是对公司中层以上员工进行抽查考核，目的是更全面客观地了解领导层的工作状态。另外就是要选定对被考核者做出评价的评估者，这是了解被考核者的直接对象。

◆ **第五步，测试问卷**：在执行考核之前，可先请部分人员进行测试，测试的重点在于提出的问题是否语意不明，问题中所描述的行为是否无法观察等，根据测试人员的反应来做最后的问卷调整。

◆ **第六步，执行考核并整理结果**：根据公司的设备、预算及人力等情况选择纸张问卷、磁盘档案或网络直接作答等方式向评估者展示评估问卷，并给评估者充足的时间作答，最后将问卷调查资料进行整理，并得出相应结果写成分析报告。

◆ **第七步，按照考核结果给出薪酬标准和调整计划**：利用 360° 考核法对中层以上员工进行工作考核，目的就是要保证员工工作成果与所获薪酬的对等，从而起到激励员工的作用。

在考核结果中，除了对符合的内容进行标注外，还要得出被考核者三项最强的方面，分析表中的每一项都有上级、同级和下级的评价，通过这些评价得出被考核者的评价结果。

被考核者可以通过考核结果知道自己在别人眼中的形象和能力，若发现在任意一项上有的组比同级给的评价较低，可以找到组里的人进行沟通，大家敞开交换意见，起到帮助员工提高的效果。而公司可以根据被考核者的考核结果制定相应的薪酬发放标准和具体数额，真正实现能者多劳，多劳多得的理想状态。

NO.010
解决人工成本预算控制与薪酬激励的矛盾

薪酬激励的实施对公司来说就是增加人工成本。要想激励员工更积极地工作，薪酬激励是最实在的办法，也是见效最快的方法。但薪酬激励的实施增加公司的人工成本，在一定程度上影响到公司的发展。因此，人工成本预算控制和薪酬激励就成为一对矛盾体。

人工成本预算控制与薪酬激励的矛盾表现

人工成本预算控制与薪酬激励之间的矛盾体现在多个方面，具体表现如下。

（1）人工成本预算控制自上而下，是基于公司业绩和物价水平的总体控制。而薪酬激励是自下而上，需要考虑各部门和各员工的收入与业绩的关系。

（2）人工成本预算控制考虑员工平均收入水平，而薪酬激励考虑每一位员工的收入，实际发放的薪酬总是围绕人工成本预算上下波动。

（3）人工成本预算控制要依据公司整体业绩（收入或利润），而薪酬激励依据的是具体部门或员工的个体业绩进行调整。

（4）人工成本预算控制是基于较长时间段的预算，而薪酬激励需要及时性发放。

总的来说，人工成本预算控制是刚性的，就像一位严格的教师，总希望把所有可能性尽量控制在自己手中；而薪酬激励是弹性的，像一位学生，习惯不断地挑战已有的规则。

如何解决人工成本预算控制与薪酬激励的矛盾

要使公司发展得更好，就需要切实解决人工成本预算控制与薪酬激励之间的矛盾，大致做法如下。

（1）弹性化人工成本预算。公司在进行人工成本预算时留有一定比例的弹性空间而不是一个确定的值；另外还要设想不同情况下的人工成本预算，如当市场情况变化到一定程度时随之调整人工成本预算。

（2）模块化人工成本预算。公司可以根据薪酬结构将人工成本分为不同模块，如固定工资和浮动工资；或者根据不同业务模块的价值创造对人工成本预算进行分割，如生产一线的员工工资计入生产成本而不是应付职工薪酬。

（3）采取零基预算方法。公司不考虑过去的人工成本，而仅依据薪酬激励的原则从零开始设定人工成本预算，一切从实际需要和可能出发，逐项审议预算期内各项费用的内容及开支标准是否合理，然后在综合平衡的基础上完成人工成本预算。

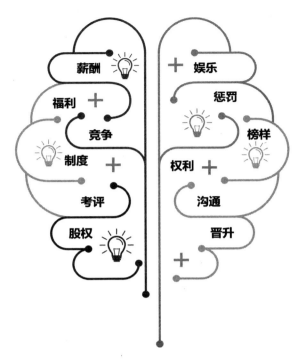

第2章

福利激励创造惊喜，抓住员工的心

随着人们生活水平和质量的提高，很多工作者对公司给予的福利越来越重视，福利的好坏成为应聘者选择公司的重要参考条件之一。作为公司方，进行有效的福利激励可以抓住员工或应聘者的心，从而为公司留住或找到有用人才。

NO.011

允许员工灵活选择福利项目

    当下很多公司为了满足员工的各种需求，提供了形式多样和内容丰富的福利，让员工在工作中享受到额外的厚待。随着商业环境的日益复杂，劳动力市场的流动性日益加大，工作价值也慢慢向多元化发展，员工和公司对福利项目越来越看重，所以福利已然成为公司激励员工不可或缺的手段。

    员工对福利的要求越来越挑剔，这就促使福利的形式更加灵活且个性化，其中"灵活选择福利项目"方案就是一种更具个体化的福利组合。这一方案是指允许员工从众多福利项目中选择自己喜欢的一项或一个组合，这一措施可以满足员工对福利的不同需求。

    公司为每个员工建立一个灵活的消费账目（通常以员工工资的百分比为基础），并为每一种福利标明价值。公司在为员工提供福利项目时，可以是假期选择、生活保险、旅游补助、储蓄和养老金补助、消费卡使用及医疗方案等。假期有长有短、保险有高有低、旅游补助有多有少、医疗方案有便宜有昂贵等，这些都由员工自己选择，直到员工福利账目中的钱用完为止。

这一方案显然对员工具有吸引力，员工可根据自身需求确定福利的种类和范围等。

案例陈述

小张在某大型机械零件制造公司上班，是一位刚结婚的年轻员工，考虑自己和妻子还没有足够的资金买房，所以他就向公司申请选择了"住房援助"作为福利。于是，小张轻松减轻了自己和妻子每个月的房租压力。由于小张申请的住房援助金额已经达到了公司为每位员工制定的消费账目总额，所以小张只能选择这一个福利项目。

公司另一位老员工江某已经有了住房，但由于其身体状况不太好，所以选择了医疗保障作为福利。当江某在某一个月发生了医疗费用时，公司将给予相应的金额补助，直到将福利账目中的金额用完。每个月没有使用完的医疗保障福利将以现金的形式发放给江某，但不够的部分就需要江某自己承担。

公司的秦女士是一位特别喜欢旅游的人，懂得享受生活，于是在公司发布了灵活福利计划后，就申请将"旅游补助"作为自己的福利。以前考虑到没有太多的额外资金用于旅游，所以只是偶尔出门玩，现在有了旅游补助，秦女士非常开心，以前不得不接受的消费卡福利变成了自己喜欢的旅游补助。为了这份福利，秦女士工作更加有干劲，以期在某一时间获得公司的请假批准，然后拿着旅游补助出门旅游。

这样一来，小张、江某和秦女士都通过灵活选择福利项目切实解决了自己最想解决的问题，如同消除了自己的后顾之忧一般，由此他们在工作上的表现也很突出。

要想真正实现员工灵活选择福利项目，激励员工积极工作，就必须要有一套可选择的、具有弹性的灵活福利方案，这就需要公司内部有关部门制定一个福利总成本上限，每一项福利计划都应包括一些可选择性项目（住房援助、医疗保障和旅游补助等）和一些非选择性项目（失业保险和工伤保险等）。灵活福利方案的一般设计步骤如下。

◆ **第一步**：有计划地清点公司目前提供的所有福利项目。

◆ **第二步**：查明设立福利项目的原因。

◆ **第三步**：对这些项目进行精确的年度预算。

◆ **第四步**：开展员工调查，了解员工对公司设立的福利项目的满意度和建议。

◆ **第五步**：不断调整公司的福利和具体的福利项目，以适应环境和员工需求等的变化。

◆ **第六步**：将全面的计划写进员工手册中，以保证公司福利公开公正，落实到位。

公司管理者在设计灵活福利方案时要遵循公平、实用和完整的原则，这样才能保证尽可能多地满足不同员工对福利项目的需求，从而让员工产生满足感，同时对公司充满好感，工作的积极性由此提高。

NO.012

年终奖金换个发法

年终奖是指每年度末企业给予员工不封顶的奖励，是对一年来员工工作业绩的肯定。劳动法对年终奖的发放有 3 项基本原则：劳动合同有约定的，约定说了算；无约定但企业有规定的，规定说了算；既无约定也无规定的，实行同工同酬（所有员工的年终奖发放形式和额度相同）。

一般来说，年终奖的发放额度和形式都由企业自己根据实际情况进行调整。好的年终奖发法要有较好的考评指标、评价方法和发放规则等，并形成制度，如此可以有效激励员工，增加企业凝聚力。

如今，大部分公司都采用"双薪制"在年底一次性将员工的年终奖发给员工，年年如此，年终奖变得越来越乏味，渐渐失去原有的激励作用，这并不是企业希望看到的局面。因此，年终奖的设计创新是一个公司亟待解决的问题。

案例陈述

　　某快速消费品生产企业，由于其销售产品的特殊性，需要员工们时刻保持较高的生产效率。为了鼓励员工积极生产，公司给予生产员工的年终奖也非常丰厚。最初的两三年，年终奖的激励效果很好；但时间一长，公司发现年终奖对员工的激励作用明显减弱，生产效率始终停滞不前，于是公司决定重新设计年终奖的发放形式。

　　经过公司领导层研究讨论后，新的年终奖发放形式出炉。公司决定将年终奖分散化，把年终奖在每一年的几个重要假期（春节、五一节、中秋节和国庆节等）时以奖金的名义发到各部门，而且根据不同节日的重要程度发放不同数额的奖金。这样不仅能解决一些员工在节假日缺钱的窘境，还能让员工感受到企业管理的人性化和个性化，从而提高员工对公司的满意度，进而激励员工更加卖力地工作。

　　不仅如此，公司还偶尔放出由于资金压力可能取消年终奖的消息，降低员工对年终奖的期望值。等真正到了发年终奖的时候又宣布，通过公司员工的不懈努力，使得公司业绩上升，决定如期发放年终奖。如此一来，不仅可以给员工造成一种"惊喜"，提高了员工的满足感，而且还可以在遇到财务真正吃紧的年份时规避由于不发年终奖而使员工产生负面情绪的风险。

　　由上述案例中，我们可以总结并联想到一些实用性较强的年终奖发放形式，具体如下。

　　（1）间歇发放年终奖。企业使用该方法打破年终奖传统的发放形式，将年终奖分散化。比如，可以把年终奖在年末前的两三个月里以奖金的名义发放，同时减少年终奖的发放数量，淡化年终奖的概念，打破年终奖的固化，使年终奖重新成为刺激员工积极工作的间隙强化物。若是遇到来年需要重大投资的情况，企业可以适当流露出由于资金压力可能取消年终奖的消息，降低员工对年终奖的期望值，而年终来临时又宣布通过公司员工的不断努力，业绩做得很好，所以如期发放年终奖。这样到了来年因为投资导致公司财务吃紧时，企业可很好地规避由于不发年终奖致使员工产生不满情绪的风险，因为这种"丑话说在前面"的方式在一定程度上缓解了员工失落和愤怒的情绪。

（2）将年终奖化整为零。公司在接近年终时以不同的名目发放年终奖，而理由要足够充分，比如常年出差和工作非常积极的员工可发放特殊奉献奖，对在工作中不断创新的员工发放创新奖。这种灵活的发放方式对员工的激励效果更具有弹性，防止一次性发放年终奖让员工产生"没什么特别的，就是年终奖而已"的固定思维，从而使年终奖焕发青春。

（3）把年终奖金做成红包。这一方法需要注意的是红包里的钱还是员工应得的金额，不能因为红包由老板决定就没有固定规则。因为员工私下里都会讨论红包的大小，如果让员工感到自己所得红包名不副实，很可能出现反效果，引起员工的不满、愤怒等负面情绪。将年终奖做成红包，更有奖励的意味，更能让员工感受到公司对自己的鼓励，从而起到激励员工积极工作的效果。

NO.013
购物卡的妙用让员工感受到公司的诚意

很多公司，在过年过节时很喜欢给员工发放购物卡，以此福利来"讨好"员工，希望能让员工感受到公司的关心，从而激励员工为公司做出更多贡献。

案例陈述

李先生是一家公司的高管，主要负责公司的财务和人事工作。同其他一些企业一样，李先生与有关领导一起研究决定，在节假日时给公司的员工派发购物卡，向员工提供消费福利。公司员工们一听到这一决定后都很开心，都感激公司的这一举措。刚好在做出此决定后不久，中秋节即将到来，很多员工都在欢喜，这个节日将有充足的资金为家人和朋友置办节日礼品了。

可是，员工们左等右等，购物卡迟迟没有发下来。在中秋节到来的前一天购物卡才发到员工们的手中，此时很多员工为了尽早买到心意的中秋节礼品，已经事先花费了自己手中的钱。而且，员工们在购物时发现，能够使用购物卡的商品很有限。换句话说，购物卡此时并没有起到为员工提供及时福利的作用。

中秋节过后，李先生和公司有关领导为了了解购物卡的福利反响，找到各部门的经理或者负责人询问员工们对购物卡的反映。出乎意料的是，员工们对发放购物卡这一福利项目的反馈并不乐观，很多员工还产生了不满情绪。在深入了解具体情况以后，李先生和领导们才发现没有提前发放购物卡的弊端。于是，李先生和相关领导决定，在即将到来的国庆节时，要提前 10 ～ 15 天将购物卡发到员工们的手中，让员工们能提前使用购物卡消费，快快乐乐地过节，同时还增加了购物卡的合作商家，让员工们能有更多的购物选择。

国庆节后，公司又对员工使用购物卡的情况进行了一次了解。这一次得到的结果很好，员工们对购物卡的满意度很高。很多员工都在公司内部网络通道中表达了自己对公司的感谢之情。

由此可以看出，公司利用购物卡激励员工时，不应该仅仅只是发放购物卡就算了事。要想真正发挥购物卡对员工的激励作用，让员工切实感受到公司采取"发放购物卡"福利措施的诚意，还应注意以下两个方面。

◆ 注意购物卡的发放时间，最好提前一旬将购物卡发到员工手中，这样员工能够使用购物卡提前购置节日礼品。

◆ 尽可能扩大购物卡的购物范围，这样可以满足不同员工的消费需求，让购物卡真正发挥"福利"的作用。

NO.014
意料之外的奖励让员工印象深刻

事先约定的丰厚奖励如果得当的话，可以促进员工努力去争取；但如果员工知道自己只要达到一定的工作任务就能拿到奖励时，很可能对奖励失去激情，久而久之就把奖励视为应得的福利。这样的心态是不会让员工对某项奖励难以忘怀的。

相对地，没有规则可循的（偶然的）奖金却能让员工喜出望外，进而使员工对奖励的印象更加深刻，更能意识到努力工作的重要性，更能体会到付出是值得的。意料之外的奖励可以用来酬谢员工特别的成就、特殊的努力或明显的进步，期待意外奖励的心情和得到意外奖励的感受都会让员工牢牢记住。

案例陈述

小厉是一家软件开发公司的工程师，因为刚大学毕业，工作经验不足，进入公司后的工资与同岗位的同事相比也并没有高出多少（比其他文职岗位的工资高）。小厉因此很纠结，想要继续这份工作，但觉得工资不高，总觉得凭自己的学历可以找到另一份起薪较高的工作。

部门领导从小厉的工作表现中看出了小厉的犹豫，于是找到小厉谈话，并认可小厉的能力，说明了公司的立场，只要小厉认真工作，公司是可以看到小厉的努力的。之后小厉慢慢地忘却了自己的工资问题，全身心地投入到软件的开发工作中。在发工资的日子，小厉查看了自己的工资卡，发现里面的金额比预期的工资多了 300 元。小厉很纳闷，也很开心，但出于私心，小厉并没有去找部门经理说明情况。

第二天，部门经理主动找到小厉，向小厉说明了其工资的情况。原来，公司考虑到小厉刚大学毕业，工作认真、积极且很努力，于是给了小厉 300 元的鼓励奖。小厉从自己的身上印证了公司的承诺，公司确实看到了自己的努力，并且给自己的努力支付了回报。这一举措对小厉来说，虽然奖励金额并不大，但足以看出公司在管理方面的严谨性，更加坚定了小厉留在公司的信心。

随着时间的推移，小厉在公司也有大半年时间了，在前辈们的帮助下积累了很多工作经验和软件开发技巧，工作也越来越得心应手。为了给小厉更多的工作机会，公司将一个项目的负责人指定为小厉。最初小厉很担心，觉得自己的能力还不能胜任一个项目的负责人，而开发部的经理再次鼓励小厉认真做，相信其实力。

项目的开发工作结束了，不久后的市场销售反响并不乐观，公司也接到一些消费者的意见反馈。小厉因为此事心里受到一定的打击，以为公司会找自己谈话，指责自己的工作没有做好。但令小厉没有想到的是，经理再次表扬了小厉，肯定了小厉的进步，还说将给予小厉一定的进步奖。这让小厉很吃惊，同时对公司充满了感激之情，表示自己以后会更加努力，争取自己能独当一面，做好一个项目。

除了上述案例中提到的"鼓励奖"和"进步奖"等意外奖励外，公司还可设立一些如"创新成就奖""最佳协助奖"和"旅游奖"等奖项。在公司员工对产品或项目有了一定的创新成果时给予创新成就奖，在活动或项目中积极协助负责人完美完成任务时给予最佳协助奖，或者在员工帮公司拼命赶业绩或项目进度后给予旅游慰问奖，从员工们意想不到的地方着手设计意外奖励，让员工对公司的奖励措施印象深刻，达到激励员工积极工作的目的。但在设计意外奖励时需要注意如下的问题，否则意外奖励不仅不能激励员工，反倒会增加公司的经济负担。

◆ **意外奖励的理由要充分**：不能因为要激励员工而随便设置奖项，弄巧成拙的话会让员工感觉意外奖励太多，当对奖励的希望落空时产生的失望会击垮公司建立在员工心中的形象。

◆ **意外奖励对人、对事且对时**：意外奖励不仅要针对特殊的人，还要针对特殊的事，除此之外，还要选择特殊的时间，比如上述案例中的小厉；在工作初期可以有进步奖，但成为老员工以后，最好在进步非常大时才给予进步奖，给员工危机感。

◆ **意外奖励可适当公开**：一般意外奖都起鼓励和表扬作用，公开意外奖可当众表扬接受奖励的人，同时鼓励其他员工积极工作；但公开也要适度，触犯其他员工利益的奖励最好不要公开。

NO.015
偶尔实施暗奖，让员工认为自己被重视

很多企业大都实行"大家评奖、当众发奖"的办法激励员工，这样做可以树立榜样，激发员工的上进心。但是这一办法往往会使没有得奖的人没面子，企业为了搞好同事关系，最后轮流得奖，奖金也成了"风水轮流转"的家常便饭。而且，当众发奖容易使同等级别的员工产生嫉妒，得奖人为了平息嫉妒，就会按"惯例"请客，很多时候不但没有多得，反而倒贴，最后使奖金失去吸引力和激励作用。

为了避免这种明奖带来的弊端，公司可适当采取暗奖的方式，"偷偷"地将奖励发给应该获得奖金的员工。这样不仅可以起到激励作用，还能节省大众评奖浪费的精力和人力，同时规避拉拢人脉和平息嫉妒等主观因素。

案例陈述

　　小马是某民营企业的职员，由于长时间承受繁重的工作压力，不知不觉产生了厌职情绪，工作时三心二意、自由散漫。部门领导发现了小马的异常，找到小马谈话，了解了其心中的苦闷后表达了深切慰问，并且决定给予小马一定金额的奖励，还让小马不要在公司随便谈论此事。小马以为这是公司对自己的特殊奖励，心里很是高兴。

　　过了一段时间，部门里要赶一个项目，所有员工都要加班，虽说有加班费，但很多员工都有不满情绪，公司也进行了相应的安抚。在此期间，小刘的表现尤其突出，可能是因为性格的原因，他对公司的安排没有太多的情绪，还是尽自己最大的努力完成公司派发的任务，并且还因为公司不断强调项目的重要性而提高了工作的警觉性，工作质量比其他员工更有保证。

　　项目结束后，部门领导避开了其他员工找小刘谈话，小刘以为自己工作出现了纰漏，但领导却以非常坚定的态度肯定了小刘的工作态度和工作质量，并且还承诺了小刘一定的勤奋工作奖励。小刘感到非常意外，原以为自己努力工作只是尽自己的本分，拿到的工资和其他员工应该是一样的，但没想到自己还能获得奖励，小刘当面感谢了领导和公司，还怀着满腔的感激之情承诺以后会更加努力地工作。

　　在公司看来，可能给很多员工发放过暗奖，但对员工来说，大家都认为只有自己受到了特殊奖励，而下一个月中每一位员工都会努力工作，争取下一个月的奖金。这是一种良性刺激，既激励了受奖人，也避免其他员工产生嫉妒情绪，引起不良刺激反应。

当然，明奖和暗奖各有优劣，公司不能把所有的奖励都变为暗奖，两者应该配合使用，取长补短。那么暗奖与明奖要如何配合使用呢？下面来看看一些具体的情况和对应的实施办法。

（1）大奖用明奖，小奖用暗奖。比如年终奖金和创新奖等用明奖的方式，因为这些奖项不宜轮流得奖，且创新奖有据可查，没法进行"风水轮流转"的家常便饭式奖励。而工作踏实、认真和勇于承担责任等无法具体化的绩效则宜采用暗奖方式，有利于调动员工的工作积极性。

（2）偶然性工作成果用明奖，普遍性工作成果用暗奖。由于人的复杂性，导致工作效果的复杂性。大部分人在有激励目标的情况下可能都能完成任务获得奖励，而少部分员工在没有激励目标时也能通过自己的自觉态度做出一定的工作成果。比如，一个员工完成了公司既定的目标任务，此时对该员工就可进行暗奖，因为这样的奖励是顺理成章的，即使其他员工知道了也不会有太大的不满情绪。如果一个员工通过自己的努力，在完成了公司既定的目标之外，还出色地完成了其他员工意想不到的任务，此时公司可以采取明奖的方式奖励该员工，不仅对员工起到表扬作用，还给其他员工树立榜样，激励其他员工以后自觉工作，而不是仅仅达成公司既定的工作目标。

（3）对自尊心较强的人用明奖，对性格随和的人用暗奖。自尊心较强的人，希望得到领导和同事"赤裸裸"的赞赏，实行明奖就是当众表扬，可以满足其自尊心，同时让其日后的行为受到其他员工的关注，这样就会不得不时刻保持认真的工作态度；而性格随和的人，不太在乎别人的看法，暗奖最多是公司给予的慰问，使其获得应有的奖励，同时，暗奖可以让领导近距离接触这类员工，了解其真正的需求。

NO.016
什么情况下发放津贴最合适

现实生活中，很多人其实都分不清津贴和补贴的区别。作为公司，若是能分清楚津贴和补贴的差异，就可以掌握发放津贴的合适时机，防止应该发津贴的时候却发成了补贴。

津贴是指补偿员工在特殊条件下的劳动消耗和生活费额外支出的工资补充形式，常见的包括矿山井下津贴、高温津贴、野外矿工津贴、林区津贴、山区津贴、驻岛津贴、艰苦气象台站津贴、保健津贴和医疗卫生津贴等，生活费补贴和价格补贴也属于津贴。

而补贴是指为保证员工工资水平不受物价上涨或变动影响而支付的各种补贴，如副食品价格补贴、粮价补贴、煤价补贴、房贴、水电贴及部分地区实行的民用燃料和照明电价格补贴等。

补贴是一种政府行为。也就是说，公司即使给了员工补贴，但补贴的支出者并不是公司，而是政府。而津贴的支出主体一般为公司，其发放额度不受政府影响和控制。

案例陈述

　　倩倩是一位土木工程师，经常会接到外出勘查地形的工作任务。对于女性来说，这项工作很艰苦，比起男性土木工程师，倩倩面临的危险系数也较大。

　　公司为了鼓励土木工程师认真工作，决定定期给土木工程师们发放相应的津贴，而倩倩的津贴数额比男性土木工程师的稍多。最初男性土木工程师对此区别感到不满，但后来与倩倩一起共事，发现其工作认真的劲儿不输给男性同事，于是再没有人对倩倩多拿津贴感到不满，而且还经常在工作中帮助倩倩。倩倩也十分感激，大家互相学习，互相帮扶，成功完成了多个项目。

上述案例中，公司在同一个岗位上针对男性和女性发放了不同数额的津贴，得到的效果令人满意。那么公司究竟在什么情况下发津贴最合适？怎么发津贴可以收到好的效果呢？

◆ **工作条件艰苦时发放津贴**：工作条件艰苦会降低员工对工作的热情和积极性，所以需要通过发放津贴来"安慰"员工，使之感觉到在艰苦条件下工作得到了应有的重视和回报。

◆ **工作内容有危险时发放津贴**：工作内容有危险时，员工很容易为了自身的安全而打退堂鼓，此时发放足额的津贴，让员工感受到拿到手中的津贴足以使自己承受工作的危险性。延伸到其他情况，对员工身体健康可能造成影响的工作也要发放津贴，作为对员工为工作付出健康的补偿。

◆ **工作明显有男女性之分的情况要按情况发放津贴**：现实社会中，有很多具有男女之分的工作，公司需要对男女员工发放不一样的津贴，需具体根据工作的性质对男女员工的影响而定。

甘特计划提高工作效率

甘特计划即"作业奖工制"，是亨利·甘特在泰勒的差别计件工资制的基础上创立的，也就是完成任务就发奖金的制度，以此来实现差别计件工资制无法达到的鼓励员工相互合作的目的。

根据这个制度，如果员工某一天完成了公司分配的全部工作，则他将获得规定数额的奖金，比如 50 元。而员工如果在规定时间或在少于规定时间内完成任务，则员工可以得到规定报酬外的额外奖励，这些额外奖励一般按时间的百分比计算。为了保证甘特计划确实能激励员工努力工作，其设置的时间标准一般都需要员工非常努力才能达到，若达不到标准，也能拿到预先确定的保障工资。

案例陈述

某企业以加工大米为主要经营范围，由于市场对大米的需求很大，所以对企业加工大米的速度要求很高。

企业为了减少新手加工速度慢的风险，聘请的都是熟手，且留用的员工也都是公司的老员工。

但对于员工来说，长年重复相同的工作确实很枯燥，因此很容易滋生倦怠的消极情绪，员工对工作的热情渐渐退却，很多为了完成工作而工作，没有了争取业绩表现和绩效奖励的信心，使得公司在加工大米的工作效率上大打折扣。

另一方面，公司在多年来的经营中积累了不少人脉，在行业中的口碑也很好，所以购买大米的订单非常多。为了继续保持企业的形象和口碑，公司就需要提高大米的加工效率。于是，公司决定给予提前完成工作任务的员工一定的奖励，前提是要保证加工大米的质量。这一要求对本身技术很好的老员工来说不成问题，于是老员工们都铆足了干劲加工大米。

一个月下来，公司加工出来的大米比上一个月的量多了很多，而且质量也达标。不仅成功地交了货，而且还有余货提供给新的购买商，拓展了销售范围。营业利润比上一个月有较明显的提高。

上述案例中只是简单地利用了甘特计划对员工的激励作用，而甘特计划中还包括对领导者的激励，以此促进整个员工团队提高工作效率。比如，团队中一个员工达到了任务标准，则主管或经理等领导者可以得到一笔奖金；若所有员工都达到了任务标准，团队领导者还会获得额外的奖金。这一计划可以促使团队领导者把精力用在最需要帮助的员工身上，使团队领导者带动整个团队成员共同进步，提高所有员工的工作效率。

NO.018
怎样给团队发放奖励让所有人心服口服

　　大部分企业为了理想的业绩，在公司内部建立了不同的团队，如销售团队、售后团队和项目研发团队等。团队中的成员能力一般都参差不齐，而很多时候，公司只对整个团队取得的成绩给予表扬或奖励。能力差的人觉得无所谓，表扬团队自己也沾光；而能力强的人就会很不满，自己付出的努力要比能力差的人多，但自己并没有受到实质性的表扬和奖励。这样的情绪会导致员工没有激情工作，因此公司需要及时做出有效的激励措施，学会如何给团队发奖励才会使所有人心服口服。

案例陈述

　　池女士在某公司的研发部工作。几年来，研究部帮助公司完成了很多项目。而其中，池女士的功劳可不小。她在本公司的项目开发研究上有很多经验，大大小小的项目池女士都是主要负责人，通过池女士的努力及其他成员的协助，项目很少出现问题，都能按公司规定的标准完成。

然而，公司每一次都以整个团队为表扬对象，并对团队进行嘉奖，最多在表扬时强调一下池女士的劳苦功高，但并没有向池女士提供实质性的奖励回报。时间长了，池女士内心感到深深的不公平，每次整个团队拿着奖金聚会时，池女士虽然表面上很开心，但内心是气愤的。

从此，池女士在团队工作中不再愿意多付出自己的精力，只是在进行项目开发时对其他员工进行指导。很明显，项目完成的结果与之前的效果有了区别。领导找到池女士询问情况，池女士只是说没有什么情况，同往常一样。而后领导又找了项目团队中的其他员工了解情况，才知道池女士是对大家进行了指导，但对工作进度的监督放松了。领导们反思了其中的原因，在项目完成后又对整个团队进行了奖励，但不同的是，公司决定给池女士额外的奖金，表扬其在工作中的优异表现。池女士对自己的做法感到羞愧，主动向领导说明了情况，并保证以后会竭尽全力完成工作。

如此看来，在给团队发放奖励时，要想让所有人心服口服，就得给予能力突出的人额外的奖励，这样其他员工也不会有意见，对获得额外奖励的人来说又是对其能力的肯定和工作态度的表彰。整个团队获得的奖励是大家共同努力的结果，对个人的额外奖励则是对表现突出的员工的肯定，也是为其他员工树立榜样，以此激励其他员工更多地付出劳动，从而获得额外奖励。

NO.019
如何利用住房补贴激励员工

住房补贴是国家为职工解决住房问题而给予的补贴资助，即公司将原有用于建房和购房的资金转化为住房补贴，分次或一次性发给员工的一项常见的福利项目，其目的除了解决员工的住房问题外，还期望以此激励员工更加努力地为公司工作。

不同员工实行不同的住房补贴形式

公司发放住房补贴的形式主要有 3 种，即一次性补贴、"基本补贴 + 一次性补贴"和按月补贴。对不同的员工进行不同形式的住房补贴，不仅能减轻公司的财务压力，而且能有效地激励员工。

◆ 对无房的老员工采取一次性住房补贴方式，职工可以根据自己的需要将这笔钱用来买房或者还房贷。

◆ 对一般职工采取"基本补贴 + 一次性补贴"方式，按一般职工住房面积标准，逐步发放基本补贴；而住房补贴面积标准之差形成的差额则采取一次性发放。

◆ 针对新员工，公司采取按月补贴方式提供住房补贴。因为新员工一般以租房为主，如果想用住房补贴还房贷又有些心有余而力不足。所以新员工可以利用每月的住房补贴支付房租，减轻租金压力；另一方面可以约束员工胡乱花钱，让员工每个月都感受到公司的关心，提高公司在新员工心中的良好形象。

住房补贴运用得好，可以激励员工积极工作，为公司带来效益；但若住房补贴运用不好，不仅不能激励员工，反而会增加公司的管理成本，加重经济负担。这其中最重要的一点就是住房补贴额度的确定。

全面评估法确定住房补贴额度

很多公司都有自己的住房补贴方案，有的是按企业员工工龄排序确定住房补贴额度，有的按员工现任职务大小排序确定住房补贴额度，有的按员工职称高低和晋升时间先后顺序确定住房补贴额度，还有的按照学历高低排序确定住房补贴额度。另外，还有一些企业采取抽签的方式确定确定住房补贴额度。

为了使住房补贴既能体现公平公正，又能充分调动公司员工的积极性，越来越多的公司采用全面评估法（考察员工的工作业绩、职务、学历、职称和工龄等因素）确定员工的住房补贴额度，而确定租房补贴额度的依据就是对员工进行全面评估所得的评估结果。下面介绍一个具体的案例，以充分了解该方法的实施过程。

案例陈述

某省一所大学广纳贤才，师资力量十分雄厚。但随着教育事业的蓬勃发展，学校间的竞争加剧，为了留住校内的优质师资力量，该校重新制定了住房补贴方案，以期使住房补贴更能体现公平公正原则，让教师们没有怨言且心甘情愿地留在学校继续教学。学校经过深思熟虑后决定，采用全面评估法对教师进行考核，以考核成绩高低确定住房补贴的额度，具体情况见表 2-1。

表 2-1　各考核因素权重比例及得分计算

因素	权重	得分	备注
学生对教师的评价	40%	a	所有因素中，"学生对教师的评价"和"同事对教师的评价"这两个因素在选取数据时，要去掉最高分和最低分，然后计算剩下分数的平均分作为得分结果；而工龄越长，学历、职称和职务越高，则得分越高。然后分别设置 60 分以下、60 ~ 65、66 ~ 70、71 ~ 75、76 ~ 80、81 ~ 85、86 ~ 90、91 ~ 95 以及 95 分以上这些等级，等级越高，住房补贴额度越高
工龄	20%	b	
学历	10%	c	
职称	10%	d	
职务	10%	e	
同事对教师的评价	10%	f	
总分	\multicolumn{3}{l}{$40\% \times a + 20\% \times b + 10\% \times c + 10\% \times d + 10\% \times e + 10\% \times f$}

假设某教师在"学生对教师的评价""工龄""学历""职称""职务"和"同事对教师的评价"等因素方面分别得分为 90、70、80、60、60 和 90，则其总分为 $40\% \times 90 + 20\% \times 70 + 10\% \times 80 + 10\% \times 60 + 10\% \times 60 + 10\% \times 90 = 79$（分），所以对应的住房补贴为 76 ~ 80 这一等级。

由于每一种因素的重要程度有所区别，所以在考察时要注重每种因素的权重关系，结合权重比例和员工实际各因素的评估结果来确定最后的考核结果，然后以考核结果排名，确定各员工的住房补贴额度。

旅游福利，让出差员工感恩公司

旅游是一件开心的事，很多人都喜欢用旅游的方式来享受生活，尤其是一些工作十分紧张的上班族更是渴望一个不被工作烦心的旅游。对于员工来说，无论是携带家人、与同伴一起或者公司以团队的形式进行旅游，都会让员工欣喜万分，减压的同时也可以享受生活。

案例陈述

小张在一家贸易公司上班，是一名业务销售员，每个月的销售任务让小张几乎没有喘息的时间。自从做了这份销售工作，她的生活就是早出晚归、东奔西走，晚上回家倒床就睡，平时都没有时间和自己的朋友聚会。这让小张感到自己的生活非常压抑，十分渴望能有一个不被打扰的假期，到想去的地方旅游一番。

最近，公司又派小张到贵州的分公司出差，一去就是3个月。原本以为这次又要像以前一样，所有时间都"献"

给了工作，但令她没有想到的是，在临出发前的一天，部门经理找她谈话，表扬了她前段时间良好的工作表现。为了鼓励小张，公司特意决定在小张出差期满后可以有 5 天的假期时间，并且还提供一定金额的旅游费用作为补偿。小张特别开心，非常感谢经理和公司给予的旅游机会。

因为贵州的分公司刚好在安顺市，因此小张决定将 5 天的旅游地定为黄果树瀑布，开开心心玩了 5 天后回到公司，小张又紧锣密鼓地投入到自己的工作中。与旅游前最大的不同就是工作时的精神面貌焕然一新，很多同事并不清楚其中的缘由，只有小张自己和经理知道旅游带来的积极作用，激励了小张更加卖力地工作。

公司对员工提供旅游福利时不能太随便，也不能没有诚意。旅游福利不仅要考虑时间，还要考虑成本和可行性，具体实施过程中需要注意以下几点。

◆ **时间给足**：对于长时间处于繁重工作压力下的员工来说，短短一天或两三天的假期根本不能满足员工对减压的需求，因此，公司需要根据员工承受工作压力的大小决定假期长短。

◆ **费用得当**：旅游所需的费用不是一笔小数目，作为公司，只要适当对员工进行旅游补贴即可，不必全额承担旅游费用。

◆ **员工自主选择地点**：一般来说，很多城市都有旅游景点，公司可以在员工出差期间给予旅游福利，让员工在出差地就能顺便旅游，不仅省时间，也节省到处奔波找旅游地的成本开销。

◆ **团队旅游时征求各员工意见**：当公司进行团队旅游时，对旅游地点的选择不能独断专行，要争取各员工的意见，最后综合考虑选择大多数员工想去的地方。

NO.021
为男员工制造节日，做到男女平等

很多公司都是由男女员工共同组成，但按照当下国内社会的情况来看，相比于女性的"女生节""妇女节""母亲节"以及"产假"等节假日来看，男性的节假日很少，最多就是"父亲节"。因此，从节日福利的角度看，男性享受到的福利要比女性少，而为了公司更长远的发展，同时留住有能力的男员工，需要采取一些积极措施，增加男员工的节日福利待遇，比如为男员工制造节日等。

案例陈述

小黄刚毕业就进入一家外企工作，在不分男女的普通福利项目上，该公司的福利待遇也算很好。国家法定节假日都会有相应的福利待遇，比如消费卡和节假日礼包等，而且还有高温津贴，平时还有零食提供。

但到了"女生节"和"妇女节"等属于女性的节日时，公司也只会给女性员工提供相应的福利，男性员工只能眼巴巴地看着。久而久之，男性员工不免觉得受到了不公平待遇，工作积极性受到了一定的影响。

公司察觉到了男员工的这种消极情绪，也很清楚其中的缘由。于是公司高层领导召开会议讨论有关男员工福利待遇问题，决定主动为男员工"创造节日"，并发放节日福利，鼓励男员工认真工作。对于没有结婚的男性来说，没法过"父亲节"，所以公司给这样的男员工制定了一个"男生节"，可得到与"女生节"一样的福利待遇。除此之外，公司还在"妇女节"的时候以"赠送男员工配偶礼物"的名义给予男员工一定的福利，男员工们也非常感谢公司。

为男员工制造节日也要出师有名，否则会让员工们觉得公司在对待员工福利上很随意，对公司的管理产生质疑。那么怎么做到出师有名呢？

◆ **有理有据**：制造的节日要让员工心服口服，比如"男生节"，其目的是保证男女福利待遇的平等性，有"制造"的必要。

◆ **要适当不要过度**：为男员工制造节日本身是一个积极的激励措施，但如果制造节日的数量过度，或者是超过了女员工的节日数量，很可能引起女员工的不满，公司又得安抚。

◆ **男员工的福利金额要恰当**：男员工对公司福利待遇的看法要的是态度，只要公司表达出对男员工的关心，基本上就没什么大问题，但女员工注重的是福利待遇的结果。如果男员工的福利待遇比女员工好，很可能引起女员工的嫉妒。所以，男员工的福利待遇要恰当，金额适中。

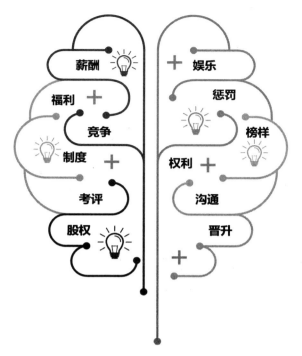

第3章

竞争激励营造危机感，员工更自觉

有竞争才有压力，有压力才有动力。此说法同样适合公司的员工。员工之间存在竞争，才能让员工时刻有危机感，为了避免落后就会更加主动自觉地工作。因此，企业采取竞争激励为员工营造充满危机感的氛围，可有效促进员工自觉且积极地工作。

NO.022
积极引导，促进良性竞争

虽说竞争可以让员工产生压力，同时也产生动力。但竞争压力过大，不仅不能起到激发动力的作用，反而会适得其反，让员工厌烦工作。就像一根弹簧，压力得当，放松后可以弹跳得更高；而当压力超过弹簧的最大负荷时，弹簧将不能再弹起。因此，公司在采用竞争激励员工积极工作时，要做好引导工作，以促进员工之间进行良性竞争。

案例陈述

可能很多人都知道，著名的羚羊和狼的竞争案例。曾经一位动物学家在考察生活于非洲某河流两岸的动物时，注意到河东岸和河西岸的羚羊大不一样，河东岸的羚羊繁殖能力比河西岸羚羊的繁殖能力更强，且奔跑时每分钟要快 13 米。他感到十分奇怪，为什么两岸羚羊生活的环境和食物都相同，但差别却这么大呢？

为了解开这个谜，动物学家和当地动物保护协会进行了一项实验：在河两岸分别抓了 10 只羚羊送到对岸生活。结果，送到西岸的东岸羚羊繁殖到了 13 只，而送到东岸的西岸羚羊只剩下 2 只，另外 8 只被狼吃掉了。

经过多方面因素的分析后，谜底终于解开。原来，东岸羚羊之所以繁殖能力强且奔跑速度快，是因为在羊群的附近居住着一个狼群，这使得羚羊天天处在"竞争氛围"中，为了能够生存下去，羚羊们变得越来越有"战斗力"。而西岸羚羊没有狼这一天敌，天天生活在安逸的环境中，没有生存压力，因此也就没有锻炼出"战斗力"。

当把繁殖能力强、奔跑速度快的东岸羚羊放到西岸生存时，由于没有狼的威胁，再加上本身能力的强大，所以不仅没有死亡，反而多繁育出 3 只羚羊。而把西岸羚羊放到东岸生存时，由于能力很弱，再加上有天敌狼的存在，很多羚羊葬送在狼口下，更别提繁殖出羚羊幼崽了。

由此可看出，羚羊与狼之间的竞争属于良性竞争。因为有了狼这一天敌的存在，才让羚羊有"居安思危"的觉悟，从而不断提升自己的奔跑速度和繁殖能力，以对抗随时出现的狼群。同样，狼也会在不断的狩猎中提高自身的狩猎技能，以期抓住羚羊作为自己的口粮。

公司要通过周密的研究和计划，制定出一套能促进员工进行良性竞争的机制，让竞争真正发挥激励作用，而不要使竞争成为阻碍公司发展的绊脚石。下面是一些能促进员工良性竞争的方法。

（1）营造与环境相适应的竞争氛围。很多员工在前期工作取得成效后，往往会固守以往的经验和惯性思维导致惰性工作习惯的养成，从而忽视当下的公司发展现状和就业环境的变化。所以公司要在适当的时机通过采用业绩竞争或口碑竞争等方式促进员工提高自身修养和能力，然后再给予优胜者奖励，从而激发和促进员工之间形成良性竞争。

（2）设计出多种互相制约的制度。有些制度可以激励员工的工作积极性，但同时也会使员工之间形成"尔虞我诈"的局面，此时需要制定一个控制"尔虞我诈"的制度来进行约束。比如，制定出通过绩效考核的手段激发员工积极性的制度，同时制定出严格的绩效考核监管制度，严厉打击绩效作假行为。

（3）适当引入新人才"搅"动"死水"。一般公司的老员工常常会处在一种安于现状、不思进取的状态，没有竞争的动力。引入新人才后，让老员工感受到利益即将受到威胁，想要与新员工一较高下，进而活跃整个公司的工作气氛，带动员工们积极工作。

（4）以权相诱，适当放权。在公司管理权限中适当放权，将权力作为竞争的"战利品"奖励给优胜者。但这种方法要注意，这种奖励的"权力"不涉及公司重要的管理决策。

（5）将竞争冲突控制在适当范围。只有良性的冲突才能形成良性的竞争，而良性冲突给予工作解决方案的脑力大震荡和对工作质量追求完美的意识，而不是出于情绪对立的恶意干扰。换句话说，良性竞争表现在工作的执行力上，而不是情绪的对立面上。

（6）采取小组运作机制。公司将同一个工作任务分派给几个或多个人，形成一个工作小组，让每一位参与工作的员工意识到，在做好个人业绩的同时还应相互扶持，争取团队荣誉。如果只是个人表现突出而团队工作效率不高，则大家都无法获得奖励。

NO.023
鲶鱼效应的激励作用

鲶鱼效应是指鲶鱼在搅动小鱼生存环境的同时，激活了小鱼的求生能力。最早使用鲶鱼效应的当属渔夫，为了保证长途运输中沙丁鱼(生性喜欢安静)的成活率，就将鲶鱼(生性好动)放在运输沙丁鱼的鱼箱中，通过好动的鲶鱼刺激沙丁鱼活动，避免沙丁鱼在运输过程中死亡。

企业就像鱼箱，而很多老员工就像鱼箱中的沙丁鱼，在长期"安分"的状态下，将公司变成了一个没有波澜起伏的鱼箱，一旦外界环境突然有了大变化，鱼箱中的水就会有大波动，鱼很可能被水荡出鱼箱而死亡。鱼箱没有了存在的必要，自然就会被淘汰，公司也是一样，没有了员工，公司也就没有存在的必要，终究被市场淘汰。而如果在公司里注入像鲶鱼一样的新鲜力量，同样也能起到有效的激励作用。

案例陈述

某外贸公司在新产品销售之前，需要对其他同行业的公司进行考察。在这一过程中，考察人员发现一个很有趣的现象：许多企业的人员基本上由 3 种类型组成：一是不可或缺的骨干人才，约占员工总人数的 20%；二是工作普通的勤劳人才，约占 60%；三是整天无所事事、拖公司后腿的闲人，约占 20%。考察人员将这一发现汇报给公司领导，领导们都认为自家公司说不定也是这种情况，可能缺乏进取心和敬业精神的员工会更多。

为了最大限度地增加骨干和勤劳人才、减少闲人，必须采取一些措施。但如果对闲人实行完全淘汰，会使公司蒙受损失。该怎么办呢？在苦思冥想中，领导层受到"鲶鱼故事"的启发，决定进行人事方面的改革。首先从销售部入手，因为销售部经理的观念和公司的理念相距太大，其守旧思想还严重影响到其下属，所以必须找一条"鲶鱼"来尽早打破销售部一直维持现状的沉闷氛围。

经过周密的计划和运作，公司终于把另一家公司的年仅 31 岁的销售部副经理李先生挖到公司来。李先生接任公司销售部经理后，凭借自己丰富的市场营销经验和过人的市场行情判断，以惊人的毅力和工作热情调动了其他员工的工作积极性，增加了公司的活力，而李先生同时还受到了销售部全体员工的好评。

公司新品的销售业绩出现了转机，月销售额直线上升，新产品的市场份额不断扩大，公司知名度不断攀升。公司为聘请了李先生的做法感到十分荣幸。

其实鲶鱼效应的分析和应用远不止这一种，思考问题的视角不同，发现问题和解决问题的方法也就不同。"鲶鱼"可能是公司的领导者，但更多情况下是公司的普通员工。

（1）领导者可以影响其员工完成任务。鲶鱼领导者的到来，对员工来说就如同"新官上任三把火"，纪律被整顿，制度被规范，流程被改造，人、财、物得到合理配置，无能的员工被淘汰，有能力的员工得到了正面激励，整个公司会呈现出蓬勃发展的景象。鲶鱼领导者可调动整个公司的活力，积蓄员工们的力量，促进公司向好的方向发展。

（2）若鲶鱼是公司员工的一员，可以给团队或者公司带来新鲜血液，活跃工作氛围，带来创新和多赢。但此时鲶鱼的数量要加以控制，如果公司里全是鲶鱼，各个员工都坚持自己的观点，则合作与沟通将不复存在。

鲶鱼效应一直受很多企业推崇，但公司不得不重视这种引进外部力量刺激内部员工的做法也存在一定的弊端。首先，引进外部力量在一定程度上阻碍了原成员的晋升机会，扼杀了原本就非常努力的员工的奋斗激情，导致原有员工的流失；再者，对"鲶鱼"的重用可能引起原成员的不满，使原成员产生消极情绪，破坏团队的战斗力。所以，公司需要采取相应措施规避鲶鱼效应带来的弊端。

◆ 缓行"鲶鱼"提出的各项措施，特别是针对人事方面的措施。

◆ 迅速找骨干人员谈话，告知公司引进"鲶鱼"的真正目的和意义，稳定骨干人员的情绪。

◆ 提高骨干员工的待遇，表示虽引进了"鲶鱼"，但公司还是很重视原有员工的。

◆ 适时表彰骨干人员，表示出公司对员工的信任和认可。

◆ 提拔骨干员工，对其委以重任，显示出对现有员工的信心。

◆ 增进"鲶鱼"和"沙丁鱼"工作之外的感情，减轻抵触情绪。

NO.024
竞争的结果与薪酬挂钩

竞争与奖励是相辅相成的，要想达到竞争的效果，首先需要有奖励的前提；而员工想要获得奖励就必须在竞争中获胜。企业采取竞争激励，促进员工自觉工作，就是遵循了其中的道理。因此，公司若要发挥竞争激励的效用，就得让竞争结果与奖励挂钩，比如加薪或者派发奖金等。

案例陈述

某服装销售公司近期有新款需要打入市场，而对于销售行业来说，销售业绩将直接影响公司的盈利情况。为了让新款服装成功占有市场份额，也为了提高员工的工作积极性，公司决定让各区销售团队进行业绩比拼，最后根据业绩排名发放金额不等的绩效工资。

决策一出，公司各区的销售团队都使出了浑身解数来提高业绩。因为每个区销售团队采取的激励措施有所不同，盈利额也就有了明显的差异，公司最后决定以盈利额的多少对销售团队的业绩进行排名。

公司制定了 4 个等级的绩效工资标准，分别是 1500 元、1300 元、1000 元和 800 元。公司 4 个区域的销售业绩排名对应这 4 个等级的绩效工资。

一个月后，公司收到各区的销售报告，结果令公司很满意。而且在各区的工作报告中，出现了很多销售主管主动表扬员工的好现象。公司这一竞争决策不仅提高了销售业绩，还促进员工提升了自身素质和工作能力。

但是，公司专门的数据统计人员在进行数据分析时发现，公司的盈利额虽然达到了标准，但结合销量来看，平均每件新款服装的盈利额并不高。也就是说，员工们很可能为了提高销售业绩而过分地降低了销售价格，从而使服装的平均盈利降低。对此，公司向各区负责人传达了公司对销售业绩的实际研究结果，并重点强调了不提倡过分降低价格销售服装的做法。

由上述案例可以看出，公司将竞争结果与薪酬挂钩，确实能在一定程度上起到激励员工的作用。但如果激励措施使用不当，就会影响公司的预期盈利成果，即使达到盈利目标，也可能会阻碍公司快速发展。

所以，公司在把竞争结果与薪酬进行挂钩时，薪酬标准不能制定得太高，否则员工们很可能为了获得高额的薪酬而不顾公司的盈利目标，随意降低销售价格，降低公司获取更高利润的可能性，阻碍公司快速发展的脚步。

NO.025
末位淘汰，激发员工潜力

末位淘汰制是绩效考核的一种制度，指企业根据公司的总体目标和具体目标，结合各个岗位的实际情况，设定一定的考核指标体系，以此指标体系为标准对员工进行考核，根据考核的结果对得分靠后的员工进行淘汰。末位淘汰可以推动职工工作的积极性和精简机构，公司在采用末位淘汰制时要注意以下一些要点。

末位与排序标准密切相关

十个指头有长有短，员工之间的表现存在差异是很正常的事，而这些差异按照不同的依据进行排序时，排序结果会不同，但每一种排序方法都会存在一个末位。因此，排序标准不同时，排在末位的员工就可能有所不同。

比如，某一个员工在业绩考核结果中的排名是第一名，但可能其在同事关系考核中却只是第五名，甚至在对公司决策的服从度上排名倒数第一。说明该员工虽然业绩很好，但并不十分服从组织的安排，做事比较独断。此时公司需要根据自身需求来决定该员工是否由服从决策的考核项结果中被末位淘汰。

末位淘汰不代表让员工离职

末位淘汰的员工并不代表天生能力不行，只能说明该员工在某方面的能力比较欠缺。比如，纪律性强且有良好服从意识的员工，可能自我创新意识和随机应变能力不强，这些员工比较适合做生产人员，而不宜从事市场开发工作。

一些员工一开始进入企业后就从事他不擅长的工作，则必然会在竞争中处于劣势。所以末位淘汰对公司来说，并不是简单地把员工踢出公司或踢出原来的岗位，而是要重视员工的优点，协助员工发挥其优势，找到新的合适的工作岗位。

所以，正确的"末位淘汰"是指企业为满足竞争需要，通过科学的评价手段对员工工作成绩进行合理排序，并在一定的范围内实行奖优罚劣，对排名在后的员工以一定的比例予以调岗、降职、降薪、下岗或辞退等方式进行处理，促进在岗者激发工作潜力，为企业创造竞争力。

公司实行"末位淘汰"的具体步骤

公司根据考核标准和评分结果统计出末位人员后，并不是简单地将末位人员进行调岗、降职或降薪，这其中还需要进行复核程序。

◆ **第一步**：经考核排在末位的员工，公司提供培训或岗位调整。

◆ **第二步**：对培训后的员工或调岗后的员工重新设定考核程序，再次进行考核。

◆ **第三步**：对复核通过者继续留任，对复核未通过者公司才考虑解除劳动合同。

◆ **第四步**：公司若要与员工解除劳动合同，须根据《中华人民共和国公司法》和《中华人民共和国劳动合同法》的相关规定处理善后。

末位淘汰制并不是完美无瑕的，它也有消极的一面。比如会损害员工的尊严，而且末位淘汰对员工来说太过残酷。虽然"末位淘汰"这一管理模式可以促进员工时刻保持危机意识和竞争意识，最大限度地挖掘员工潜力，但如果用人单位处理不当，可能造成违法解除劳动合同等风险。那么，公司要从哪些方面规避末位淘汰制带来的风险呢？

（1）区分"不胜任工作"解除合同与末位淘汰的区别。任何团队中都有末位员工，绩效考核中排名末位的员工并不一定代表不胜任工作，不胜任工作是指员工在多次考核后仍然不能达到公司的要求。

（2）慎用末位淘汰制。由于末位淘汰制的残酷性，公司可以根据实际情况以"首位竞争"制代替"末位淘汰"制。

（3）掌握末位淘汰制的适用前提和实施要点。首先要建立一套科学、客观、公正的绩效考核标准和程序。其次，企业实行末位淘汰制时应履行职工民主程序，征求工会或职工代表意见，或通过职工代表大会的审议；然后用薪酬管理方式把薪酬体系和末位淘汰制配合使用，激发员工的主观能动性和竞争意识。最后，在劳动者符合禁止解除劳动合同的法定情形时，用人单位不得以末位淘汰为由解除劳动合同。

NO.026
让普通员工表现出自己的闪光点

在实际工作中，并不是每一位员工都会有显著的成绩，大多数员工的表现都较一般，任何企业中，真正崭露头角的员工只在少数。而那些表现一般的员工并不能被认为没有能力，很可能是岗位或工作内容不能体现这些员工的优点，或者工作强度还没有达到激发员工潜力的程度。这样的员工更需要引起领导和公司的关注与激励。

案例陈述

小谢在某软件开发公司上班，由于刚则大学毕业不久，工作经验非常有限，在工作中也只是帮别人整理一下数据资料，最多协助项目负责人完成一项工作。公司为了给小谢更多的发展机会，就把一个比较小的项目交给小谢负责，期望小谢做出好成绩。

到了交项目的时候，小谢的项目成果并不使人满意。小谢以为自己在领导和公司的心目中的形象将大打折扣，再想得到公司的重视和提拔应该不太可能了。但让小谢意外的是，部门领导找到小谢谈话，了解了小谢的具体工作情况，并对小谢以往的工作给予了肯定。鉴于对小谢的观察了解，公司发现小谢在对数据的整理和分析方面有很好的才能，并且做事认真且细心，于是将小谢调到专门做数据整理和分析的小组，让小谢充分发挥自身的优势。之后，小谢在公司的表现越来越好，自信心更强，公司也因此挖掘了特定方面的人才。

看不见员工成绩和优点的公司或管理者是不受欢迎的，特别是有一些公司或管理者经常对员工挑三拣四，有时甚至出于嫉妒或无知，不仅对员工的优点视而不见，还把员工的缺点或不足常常挂在嘴边，严重损害员工的自尊心，让员工失去工作的热情和积极性，进而对公司产生不满情绪，萌生离开公司的想法。为了能够让普通员工表现出自己的闪光点，尽可能留住对公司有用的人才，公司管理者要做到以下几点。

◆ 时刻关注员工的工作状态和工作成果，定期分析普通员工的工作特点、性格和特长等。

◆ 定期找普通员工谈话，面对面交流，直接获取员工的信息，第一时间掌握员工的发展动向，明确员工适合的工作内容。

◆ 管理者结合员工的特长与公司岗位特点，为员工适当调整工作内容，必要时可以调整岗位。

◆ 发现普通员工的闪光点后不要马上为其安排相应的工作，要先与员工进行交流，双方达成共识后在进行工作调整。

◆ 为员工提供更多的工作机会，让员工在不同的工作中表现出不同的工作能力，让员工有表现出闪光点的可能。

NO.027
为员工挑选优质竞争者

人外有人，天外有天。记得学生时代，老师常说的一句话就是找一个自己的竞争对手，而且这个竞争对手要比自己强，这样在竞争时才有超越对手的动力。如果找一个比自己弱的的竞争对手，可能没法促使自己进步，反而会使自己的成绩倒退。

公司要想促使员工们在竞争中有所提升，也需要为员工挑选出更强的竞争者，如同给员工一个奋斗的目标，让员工朝着目标不懈地努力。

案例陈述

某食品加工工厂每天要加工、包装大量的食品，如果包装速度慢会导致食品放置较长的时间才出库，从而面临很大的食品变质风险。公司为了鼓励员工提高生产包装速度，采取了竞争激励的方式促进员工积极工作。

虽然如此，但由于很多员工没有一个明确的竞争目标，生产包装效率提高得很慢。于是公司给部分员工选择了比他们生产包装速度快很多的员工作为竞争者，达到竞争者的水平时可以获得一定的奖励。一个月后，公司看到了竞争结果，那些确定了优质竞争者的员工，工作效率明显提高，带动了整个生产包装车间的工作效率；而没有指定竞争者的员工，在看到其他员工拼命工作的情况下也不干落后，但效率提高的并不十分显著。但总的来说，这一竞争措施给公司带来了丰厚的利润。

公司在为员工挑选优质竞争者时，不仅要考虑到弱者的提高，还要考虑到强者的不落后。这样才能通过竞争激励的同时促进所有员工的工作积极性，提高公司整体工作效率，具体可以从以下方面着手。

（1）为工作效率低的员工找工作效率高的竞争者。很多工作效率低的员工，其工作质量是可以保证的，所以为其挑选的竞争者需要工作质量和效率都很好的员工，这样工作效率低的员工才能在比较中意识到自己的不足，从而在保持自身优势的同时，改进自己的不足之处。

（2）为工作质量差的员工找工作效率高的竞争者。工作质量差的员工可能速度很快，但也可能速度很慢，此时为其挑选工作效率高的竞争者，不仅可以激励其提高工作质量，还可以促使其提高工作效率。

（3）为不思进取的员工找具有创新意识的竞争者。具有创新意识的员工受到公司的重用，会激励不思进取的员工提高自身的创新能力，给企业带来更多活力。

由此看来，公司为员工挑选的优质竞争者应该是具备了其他员工缺乏的能力或具有特殊优势，以竞争者的长处激励员工改进不足。

积极营造外部竞争氛围

　　对于企业来说，外部竞争包括竞争对手、市场因素和政府因素。企业与竞争对手的竞争过程会形成一个竞争氛围，而市场的变化和政府对经济的干预，都会给企业施压，使得企业与过去的"自己"形成竞争关系，目的是为了不被市场淘汰。

　　当一个企业发展壮大到一定规模时，很可能就没有了明面儿上的竞争对手，企业就可能在安逸的环境中不思进取；但稍不留神，很容易就被其他企业超越。

案例陈述

　　某新能源开发公司开办之初就走在了市场前端，在市场上还没有出现新能源开发企业的时候就看到了新能源开发的商机。赢在起跑线上的该新能源开发公司培养了一批优秀的能源开发工程师，为公司创造了不菲的业绩。以至到了当今这个新能源开发行业盛行的时代，该公司有着无可替代的行业地位。可以说，市场中没有了能与之抗衡的竞争者。于是公司还是按照现有的管理体系经营着。

有一天，该新能源公司在对市场行情进行调查时发现。A 公司也在做新能源开发，并且市场份额已经与公司不相上下。公司这才意识到之前不思进取的后果，开始整顿公司的管理体系和组织结构，以期重新找回新能源开发的霸主之位。

由上述案例可知，该新能源开发公司在没有了竞争对手的情况下，享受着自以为稳固的"霸主宝座"，没有居安思危的意识，没有主动为企业创造外部竞争环境的觉悟，最终丢失霸主宝座。所以，企业在安逸环境中更不能懈怠，要积极地为自己创造外部竞争环境，督促自己不断改进经营策略，向更好的未来发展。

◆ **时刻审视企业自身合理配置资源的能力**：企业对资源的合理配置能力能够反映企业的经营能力，制订更加合理配置资源的方案，可以减少公司的经营成本，同时可充分利用各项资源。

◆ **寻找企业的潜在竞争对手**：对于企业来说，很多时候只是表面上没有了竞争对手，但可能存在潜在竞争对手。企业需要通过周密的市场调查，分析出有望赶超本企业的公司，以其优势作为企业竞争中需要达到的目标。

◆ **寻找对企业不利的市场因素和政府因素**：根据企业自身发展需要，对市场中可能影响企业经营的因素进行分析，得出不利因素后制定应对措施；或者在政府有了新的政策，且这些政策不利于公司某些方面的发展时，制订解决方案来规避可能存在的风险，进而提高企业的竞争力。

NO.029
组织内部员工比赛，提供丰厚奖励

虽说公司内部本身就存在竞争关系，但这种自发性的竞争关系并不能起到明显的竞争激励效果。这就需要公司主动为员工建立竞争关系，比如针对某个项目或任务开展一次比赛，并对比赛获胜者提供给丰厚的奖励，以此来为项目找到合适的策划方案或者为某一类工作任务找到合适的工作团队或个人。

（1）规划比赛流程。为员工创建一个流畅的赛程，保证员工在比赛时少出现因为公司计划不周引起的突发状况。

（2）制定合理的奖励办法和标准。只有合理的奖励标准才能真正起到激励员工自觉工作的作用。若奖励太小，员工会对比赛提不起兴趣，比赛就会夭折；若奖励太大，可能引起内部恶性竞争，不利于为员工树立积极工作的榜样。

（3）决定奖励发放的方式。比赛结束后，公司要对员工发放奖励，而奖励的发放也有讲究，可以在一定程度上起到激励员工的作用。所以管理者应该认真思考并决定适宜的发放奖励的方式。

作为公司的管理者，除了要知道比赛能够促进员工尽可能地发挥实力外，还要防范竞争过程中可能出现的急功近利、暗抢别人成果的情况发生，这样才是真正激励员工不断进步的好方法。那么公司要从哪些方面来杜绝这样的弊端呢？

◆ **比赛期间做好质量监控**：员工一旦置身于比赛这一特定的环境中，都会不由自主地紧张，而且特别想赢，可能为了尽快交出作品而草草了事。公司此时就要严把质量关，选出适合项目的最好方案。

◆ **严查员工比赛期间的行为**：有时员工的欲望过于膨胀，会产生不好的念头，为了获得丰厚的奖励，可能做出伤害其他竞争者利益的事情。为了给员工们创造一个良性竞争的环境，公司要在比赛期间严格考察参赛员工的行为，防止"不干净"的行为影响比赛环境。

◆ **除获胜者外，其他参赛员工也有奖励**：这一做法可以激励更多的员工参加比赛，发挥众人的力量，为公司接到的项目做出最好的策划方案。如果参赛者或参赛团队较多，公司可酌情减少参赛者的奖励。

◆ **选择重要项目作为比赛对象**：一般的项目按正常的工作流程就能拿出较好的策划方案，如果用比赛的方式获得方案，则浪费物力和财力。为了不给公司造成不必要的财务负担，管理者要慎重决定比赛的项目，不能随便将一个简单的或小的项目拿来比赛。

NO.030
制定"复活"机制，唤醒"淘汰"员工

"一锤定音"的做法在很多情况下都会出现偏差。很多员工其实有能力，只是在一次工作中没有表现好。如果公司一次性就否定员工的实力，很可能错失有能力的员工。如同很多选秀节目，一般都设有复活赛，目的是让之前没有发挥好被淘汰的参赛者再次发挥自己的实力，争取到属于自己的位置。

对公司来说也是一样，可以对"淘汰"的员工实行"复活"机制，给这些员工一些机会，让其正常地发挥出自己的真实水平。这样也给"淘汰"员工以有效的激励，让这些员工不至因为"淘汰"而自我放弃。公司可以从以下方面为员工提供"复活"的机会。

（1）对"淘汰"员工进行培训，争取留在原来岗位。有些员工在一次考核没通过就淘汰了，而实际上其具有公司要求的实力。此时，公司可以对该员工进行培训，并给予复核、通过后留岗的机会。这样既不至于错失人才，也避免错误地将员工安排到不适合的岗位。

（2）对已调岗的员工提供现任岗位的晋升机会。公司对调过岗位的员工不能进行"冷"处理，而要继续关注其发展动向，在合适的时机为其提供合适的发展机会，比如在现任岗位给予重任等。

（3）给无所事事的员工安排感兴趣的工作。公司平时要对员工的工作兴趣进行观察，遇到工作没有激情或者没事可做的员工，可以为其安排感兴趣的工作，这样可以激发员工的活力，给予意志消沉而被"淘汰"的员工以复活的机会。

（4）在竞争比赛中，对弱势者给予第二次机会。很多竞争者在比赛中一时疏忽输给了对手，但究其实力是可以做得更好的。此时公司可以适当给这些员工第二次机会，除了可以激励这些员工积极工作外，还能有望获得更好的比赛结果。比如可以收获更完善的策划方案，这样对公司的发展也有一定的好处。

（5）公司改革要裁员时，对预计要被裁员的员工进行升级培训学习，如果学习后的状态和能力能够达到公司的要求，则可以适当给予这些员工留职的机会，不要马上裁掉。此时，这些员工会非常感激公司给予的机会，并会牢牢抓住机会认真工作，好好表现，从而起到激励员工的作用。

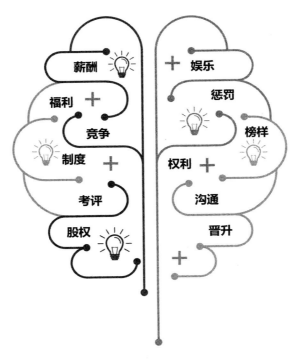

第4章
授权激励充满诱惑，激发员工责任心

自古以来，权力就是激发人们积极进取的有利工具。很多人为了得到权力，可以最大限度地发挥自己的实力，权力成为了人们不懈奋斗的目标之一。作为公司，对员工进行合理授权，可以激发员工的事业心、责任心，提高员工工作的积极性。

NO.031
怎样有效授权让人甘心做事

授权是指公司或上级在分配工作时，赋予下属相应的权力，准许下属在一定范围内调动人力、物力和财力，同时在工作中允许下属自行做出决定，以达成任务。其中有效授权是指授权达到的目的与预期效果相同或相近。

有效授权给企业带来的好处是明显的，但并不是所有企业管理者都能做到有效授权。总的来说，企业要建立一整套完善的授权管理体系，将公司的管理从"做事"转到"让人做事"。

案例陈述

小颜在一家房产中介公司上班，每天面对的看房客户和租房／售房客户不计其数。公司为了规范售房／租房价格，已经制定了统一的价格策略和标准，员工们只需在工作中按照这些标准执行即可。

但长期如此，公司发现自身的收益并不十分理想。于是召开了公司紧急会议，就公司面临的业绩不佳问题开展讨论，大家都对该现象做了自己的分析并发表了看法，很多管理者都发现了销售价格对业绩的制约问题。

最后，经过多数管理者的一致决定，对房屋销售价格、租金价位以及中介手续费等进行了调整，将原来固定的价格调整为统一的价格区间，有上限和下限。上限价格可以约束员工恶意提价、赚取回扣的行为；下限则可以约束员工为了提升业绩数量而故意降低价格的行为。并明确说明，员工可以在价格区间内，根据实际情况降低或抬高售房／租房价格和手续费标准，只要做好业绩记录即可。提成则以员工的实际业绩金额为依据，多劳多得。

如此，员工们做事可以更自由，可根据自身的能力选择提升价格获取高利润，或者降低价格争取客户。即，在合理的范围内，公司将房屋销售／出租的价格决定权交给了员工，员工可以根据实际情况做调整。

新价格措施实施后一个月，公司的业绩明显提高，虽然其中不乏有降低了价格售房或租房的员工，但整体营业额确实有了很大的提升。

权力就像手中沙，握得越紧越容易从指缝中流失，造成企业内部的权力下滑；但如果完全放松，沙又会被风吹走，企业权力得不到有效控制，必将会使企业陷入一片混乱。

有效的授权，既能让下属分担工作，又可以各尽其才，减少资源浪费；既可以让员工承担起责任，又可以有效激励员工；既能培养员工的工作能力，又能让员工拥有成就感。那么，公司管理者具体要怎么做才能达到有效授权呢？

审视及改革授权体制

要想从根本上解决授权有效性问题，就要从本质上审视并改革企业的授权体制，为有效授权创建一个有利的环境。

◆ **转变角色**：公司管理者要将重点放在"领导"上，而不是一味地"管理"公司。根据很多调查结果显示，使员工留在企业的重要因素就是公司管理者的领导能力。领导者能够有效激励员工为公司做事，而管理者大多是在繁杂事务中打转。

◆ **不同发展阶段执行不同授权体系**：企业的授权体系很难与企业的发展战略始终保持完全一致。为了跟上企业发展的步伐，授权体系需要在适应企业发展的范围内进行调整，如果适当调整的方向恰好与企业战略发展相适应，则企业便能充分发挥整体和个人优势，有效授权可以最大程度地激励员工。

◆ **加强授权后的企业内部风险控制**：可以在企业内部设置战略部门和财务控制制度，加强预算管理，做到事前沟通、事中监控和事后检查，为有效授权提供程序保障。

◆ **为授权安排好善后工作**：公司可以结合绩效管理体系，对授权下的公司经营活动进行控制，保证授权下的部门都能保持在公司战略发展一致的方向上运营。

达到有效授权的方法和技巧

公司除了要给有效授权提供有利的环境外，还需要切实掌握一定的授权技巧和方法。

（1）确定授权对象和方式。公司管理者在准备授权时，首先要确定给谁授权，应当采取什么方式授权，授权的范围有多大等。比如，可以将公司的员工分为元帅、大将和士兵等级别，对不同级别的员工授以不同等级的权力，同时委派合适的工作。有时会遇到特殊情况或特殊的工作环境，此时也要考虑授权对象。

（2）确定工作目标。明确现实的目标可以使员工直奔工作重点，让授权发挥价值。例如下列两种授权形式，一种是"小李，你负责本年度 A 产品的销售工作，加油做吧，到时候公司会给予你丰厚的奖励。"另一种是"小李，你负责本年度 A 产品在 Z 区的推广，公司希望达到40% 的市场占有率，如果成功，公司将给予 5 万元的奖励。"显然，第一种情况下，小李会对工作内容和目标感到茫然，即使公司将权力授给了小李，小李也没法使用；而第二种情况，小李有了明确的目标就可以利用手中的权力更有效地工作，发挥自身实力，起到激励作用。

（3）不重复授权。授权要明确到具体的个人，不能模糊界限重复授权。比如公司给两名员工分配了同样的工作，对公司来说浪费了人力资源，对员工来说可能造成员工之间互相猜疑，怀疑自己的能力不足。

（4）授权要将责任和权力一起交给下属。下属履行其职责，一般需要有相应的权力，只有责任而没有权力，不利于激发下属的工作热情，只有权力而没有责任，很可能造成员工滥用职权。

授权并非放任，企业应制定相应的应急措施或计划，控制授权可能造成的风险。如建立风险控制体系，有效制约和监控被授权者的行为。

如何向 DISC 四种风格的员工授权

DISC 理论是一种"人类行为语言"，其基础是美国心理学家威廉·莫尔顿·马斯顿博士在 1928 年出版的著作《Emotions of Normal People》（常人的情绪）。这 4 种风格具体含义见表 4-1。

表 4-1　DISC 四种风格的具体含义

风格	类型名称	工作中的角色和类型特点
D（Dominance）	支配型	The Director，老板型／指挥者，爱冒险的、有竞争力的、大胆的、直接的、果断的、创新的、坚持不懈的问题解决者或自我激励者
I（Influence）	影响型	The Interact，互动型／社交者，有魅力的、自信的、有说服力的、热情的、鼓舞人心的、乐观的、令人信服的、受欢迎的、可信赖的
S（Steadiness）	稳健型	The Supporter，支持型／支持者，友善的、亲切的、良好的倾听者、有耐心的、热诚的、善解人意的团队合作者
C（Conscientiousness）	谨慎型遵从型	The Corrector，修正型／思考者，准确的、有分析力的、谦恭的、圆滑的、善于发现事实、高标准、成熟的、有耐心的、严谨的

从员工对公司的贡献方面着手授以适当权力

公司在对这 4 种风格的人进行授权时，可以参考其对公司的贡献做出决定。比如 D 型员工，一般是基层组织者，有前瞻性，有创新精神，以挑战为导向进行工作，公司可以将产品外观设计的权力交给该类型的员工，以期达到产品创新的目的；I 型和 S 型员工，一般为团队合作者，有耐心有同情心，可以激励其他员工为组织目标奋斗，公司可以把日常工作的监督权力授予这两类员工，起到监督员工工作质量的作用；C 型员工，一般是比较有责任心且工作稳健可靠的人，是真正接触并解决问题的员工，公司可以将项目或工作的具体实施全权交给这类员工。

案例陈述

某婚庆公司最近接到一个大订单，某对新人将结婚的事情全权委托给该婚庆公司，要求婚礼大气而不失温馨，华美而不奢侈，有趣而不带俗气，热闹而不混乱。对婚庆公司来说，这些要求笼统且不好掌控，但为了做好这单生意，公司专门成立了一个小组。

该小组包含了 15 个员工，其中，小赵是典型的 D 型员工，在平时的工作中充分体现了其领导指挥能力，因此公司将该单生意的总负责人定为小赵；小钱、小孙和小李是典型的 I 型员工，人脉很广，平时在公司可以很好地协调各员工之间的工作，所以公司将该项目的联系工作和工作管理协调及监督权力交给 3 位；其余 11 人均属于 S 型和 C 型的员工，他们主要负责具体事务和流程的安排，根据新人对婚礼的要求做出合理的策划方案，并根据实际情况实施方案，过程中的计划变动和相应事务的改动等都由这些人全权负责。

终于，在团队的共同努力下圆满完成了此次婚庆工作，新人对该婚庆公司的工作能力表示了高度的肯定。最后，公司总结此次婚庆工作的成功原因，得出如下几点结论：一是 D 型员工小赵充分发挥了自己的领导指挥能力，全局工作把控到位；二是 I 型员工小钱、小孙和小李，通过自身的魅力和组织协调能力，将各岗位的员工工作安排得很恰当，而且监督工作做得很好，保障了整个婚庆工作的有序性；三是 S 型和 C 型员工的不懈努力、开拓创新和积极配合，将工作进行得有条不紊，每一个细节都落到了实处，确保了婚庆工作的高标准高质量。

公司对 DISC 四种风格的员工进行如上授权时，主要使这 4 种员工均处于理想环境的情况下进行工作。比如 D 型员工，公司需要向其提供不受控制、监督和琐碎事困扰的环境；而 I 型员工的理想环境是有活动的自由、有相互联系的明主监督者以及不受控制和琐碎事的困扰；S 型员工的理想环境是变化较慢、可预测的和稳固的团队合作关系；C 型员工的理想环境是允许批判性思维存在的环境，以及员工的专业技术达到实现工作任务的标准。

根据消极倾向和风险反推 4 种员工不能获得的权力

4 种不同风格的员工在其积极的风格下潜藏着消极的倾向和风险，公司需要根据这些可能的消极倾向和风险规避员工不能拥有的权力。

（1）D 型员工的消极倾向表现为紧张、有野心、好侵略和自负等。可能出现过度使用权力、对团队制定的标准过高、缺乏圆滑和变通及承担高速而过多责任等风险。因此，公司不可将工作的具体实施过程中的权力授予 D 型员工，也不可将监督员工工作的权力授予该类型员工，防止其为了达到高标准任务而不顾其他队员的身心健康。

（2）I 型员工的消极倾向表现为过分乐观、太健谈以及不现实。可能出现工作中不注意细节、考虑问题不现实、不能分辨员工的实际能力及过分感性导致判断出现误差等风险。因此，公司不可将员工的任务分配权授给 I 型员工，防止其张冠李戴，错误使用人力资源；而且也不能把工作的具体开展细节的执行权力交给这类员工，防止因细节出错满盘皆输的情况发生。

（3）S 型员工的消极倾向表现为不太容易表露自己的情感，对其他事情漠不关心且做事犹豫不决等。可能出现太过中立、倾向于避免争论及因为犹豫不决而错失最佳的问题解决时间等风险。因此，公司不可将选择权交给 S 型员工，直接分派明确的任务或授予明确的除选择权外的其他权利。

（4）C 型员工的消极倾向表现为悲观的情感，会紧张或大惊小怪，可能过分批评别人而显得太过挑剔。可能存在的风险是容易陷入细节中导致鸡蛋里挑骨头，在受批评时采取防御和抵触措施。因此，公司不可将管理权授给 C 型员工，这类员工适合的权力就是自主工作的权力，而公司或管理者不要过分干预这类员工的工作。

NO.033
放权与监督共存，防止越权

合理授权能够激励员工更加积极地工作。但如果没有良好的监督机制，员工有可能越权，授权激励也就产生了"副作用"。为了减少授权激励的"副作用"，公司需要坚持放权与监督共存的原则，防止越权，这样也给其他未授权的员工提供良好的工作环境，起到激励作用。

案例陈述

某大型集团公司经营多元化，内部员工人数众多。公司为了进行更有效的管理，将一些权力授给经理或者主管，甚至是团队组长。通常情况下，团队组长得到的权力是监督组员工作，并向上级主管汇报情况，而上级主管需要对员工的工作进行分配和指导，并决定采取谁的项目方案等；经理则是了解部门工作结果，并将结果上报公司，或者批准某项目的实施。

小辉是该公司网络部的一名工程师，通过自己的努力，他设计出了一款适合公司内部使用的软件。于是将自己的设计方案交给了组长，但因为组长平时和小辉的关系一般，所以小辉的方案被否决了。按照正规程序，组长没有否决小辉方案的权力，而是应该把小辉的方案上报给主管，让主管决定方案的可行性，然后将决定结果向部门经理报告。

由上述案例可以看出，当员工越权时，可能损害其他员工的利益，严重时还可能损害公司的利益。而且可能使其他员工丧失工作的激情，这样授权激励不但没有起到积极作用，反而引发了员工的不满情绪。因此，授权激励一定要与防止越权紧密联系在一起。

对于公司来说，防止员工越权的首要任务就是要帮助员工明确其职责范围；其次进行一级抓一级的教育，及时监督；再次时刻关注员工的工作状态，适当为员工排忧解难，真正做到了解"民意"。另外，从主观方面来讲，获得授权的员工要提高自身的权力自控能力，克服权力欲，对人对事要求不可过多、过高、过急或过细，对细微工作少听、少问、少说、少做。

那么，如果员工出现越权行为该怎么办呢？一是对好的越权动机先表扬后批评，指出其愿望是好的但行为不当，指明其中的问题和危害。二是维持现状，下不为例。有的员工越权决定和处理问题可能与主管领导的思路吻合且正确，甚至做得更漂亮，成绩更突出，这样就要自然维持下去；但也要下不为例，既肯定员工的实力，也要防止其再次越权。三是因势利导，纠正错误。明确指出员工的越权行为是错误的，给予批评教育，让下属吸取教训，认清越权会给其他员工带来的危害。

NO.034
小心授权激励的误区

除了防止员工越权可以提高授权激励的实际作用外，公司还可规避授权激励的误区，进而让授权激励能够发挥出正确的作用。如下所示的内容是公司常见的授权激励误区。

（1）过分担心员工的工作压力而不授权。有些中层管理者即使忙得焦头烂额，急需下放权力，但由于担心员工也像自己一样忙碌，怕搅乱员工的工作计划，因而不忍心给员工施加更多的工作压力。看似为员工着想，实则让自己陷于无头绪的忙碌之中，也无法让员工享受到权力，更不会激发出员工内在的潜能了。

（2）为提升员工的"地位"而不公开授权。有些管理者认为，不公开对员工的授权，可以提升员工的自我满足感，起到激励作用。但授权的目的是为了更好地完成工作任务，如果授权不公开，相关的员工不清楚授权已经发生，可能引起员工之间不必要的冲突，进而挫伤员工们完成工作的积极性。

（3）授权的附带要求过于严格。有些管理者为了完美地做好某项工作，对工作结果的要求很严格，不允许被授权员工有任何的失误，导致被授权员工不敢大胆工作，感觉行为被束缚，遇到问题就会顺理成章地往上推卸责任，这样不但不能激发员工工作的积极性，还使员工养成不负责任的习惯，得不偿失。

（4）频繁变动被授权对象。有些管理者为了寻找更好的权力使用者，在授权后犹豫不决，变化无常，不断更换被授权的员工人选。这样一来，不仅影响管理者在员工心中的形象，还造成员工内心的不满，引起员工的嫉妒和组织内部的骚动。

（5）授权过后过多干涉员工行为。很多管理者表面上对员工进行了授权，但实际上自己却放不开对权力的掌控，喜欢用自己的观点去引导员工，促使被授权员工按照管理者自己的想法执行权力。

（6）授权后不管不顾，形成放任局面。有些管理者认为授权就是将权力全权交给员工，自己可以高枕无忧，省时省精力，不对授权进行监督和反馈，最后导致权力失控使授权激励达不到真正的激励作用。

（7）不信任被授权者。古语有云："疑人不用，用人不疑。"对被授权者不信任，不真正放权，处处"指导"被授权员工的做事方式和方法，让员工感觉自己被牵制，没有真正获得权力，工作激情没有了，抱怨情绪渐长，授权激励失去作用。

所以，公司要想让授权激励发挥作用，可以根据上述授权激励可能存在的误区制定相应的解决措施，尽量规避这些误区，为授权激励创造良好的执行环境。

NO.035
术业有专攻，授权要人尽其才

企业内部的每位员工都有自己的特长和优势，公司进行授权激励时，要考量员工的特长和优势，选择合适的被授权对象，这样才能做到人尽其才，从而不断提高员工的工作热情和积极性。

案例陈述

公元228年，诸葛亮第一次北伐便亲率主力突袭魏军据守的祁山，势如破竹，陇右的天水、南安和安定三郡归降蜀汉。诸葛亮收降了魏将姜维，关中震动，魏明帝亲自率军西征长安，命大将张郃领兵拒诸葛亮所率之军。诸葛亮选拔马谡督军在前，与张郃战于街亭。

马谡在街亭违背诸葛亮的部署调度，也不听副将王平的劝告，主观决定舍弃水源上山扎营。张郃兵至，围山断水，大破蜀军。蜀军溃败，马谡弃山而逃，街亭丢失。而王平所率千人鸣鼓自恃，张郃疑有伏兵而不敢追击，

王平收整余部率将士返回汉中。街亭已失，不能再据以
出击魏军，诸葛亮遂拔西县百姓千余家，还于汉中。

上述案例充分说明诸葛亮用人授权不当，结果使蜀军遭受重大失
败。那么，公司究竟应该如何进行合理授权呢？下面来看看一些与岗位、
职业和工作内容相结合的授权措施。

（1）授予销售人员自主联系客户的权力。销售人员的工作比较自
由，而未知性和随意性也较大。公司如果不把联系客户的权力全权交
给销售人员，则可能会耽搁销售人员的时间，影响销售人员的工作效率。

（2）授予人事部员工自主安排招聘工作的权力。大中型企业的招
聘工作很繁杂，如果公司管理者事事亲力亲为，会心有余而力不足。
公司只要将招聘条件和用人时间告知人事部即可，怎么发布信息？什
么时候进行招聘？这些事情都由人事部自行决定并开展。

（3）对工作认真负责的员工授予协助主管或经理监督其他员工的
权力。工作认真负责的员工自律性较强，且做事谨慎，适当放权，可
以帮助主管或经理管理好团队或部门。

（4）对销售岗位外的、性格开朗大方的员工授予协助销售人员做
业务的权力。这类员工通常人缘较好，可以在一定程度上拓展销售人
员的人脉，促成业务成交，同时还能联络各部门之间的感情。

（5）对总是挑三拣四的员工授予自主选择工作内容的权力。这类
员工通常眼高手低，若在自主选择工作内容的前提下还不能很好地完
成工作，则公司可以名正言顺地对其进行批评、甚至予以惩罚。

术业有专攻。作为公司方，要懂得合理利用员工的专业和特长，
将合适的权力授予合适的员工，充分发挥授权激励的作用。

NO.036

培养副手，对有能力的人委以重任

很多公司的管理者会从长期的工作表现中选出一名能力较强的下属作为重点培养对象，将很多工作任务交给他去完成，有意进行重点培养。

被选为重点培养对象的员工，为了得到管理者的赏识，会更加认真努力地工作，从而体现出授权激励的作用。

那么公司要如何将重点培养对象培养成一名副手，并对其委以重任呢？

销售部如何培养得力副手

作为销售部管理者（经理或销售主管），在培养副手时需要注意以下几点。

◆ **注重销售人员的业绩突出性：**业绩有过突出表现的人说明其有一定的爆发力，这比较符合管理者的特征。

◆ **要将业绩稳定性与突出性结合考虑**：如果员工的业绩经常忽上忽下，忽高忽低，说明该员工的能力发挥不稳定，折射出其心性可能不稳定。而作为管理者，成熟稳重是必须的。所以公司不能仅看重业绩突出性而不重视稳定性，否则培养出来的副手能力也会不稳定。

◆ **人缘太好或太差的销售人员不适合成为副手**：对于管理者来说，副手的能力将决定自己的工作效率。人缘太好的销售人员，在执行管理者安排的任务时，可能因为"情面"问题假公济私；而人缘差的销售人员很难将管理者安排的任务传达给每位员工，这样会使工作的开展受到阻碍，影响整个部门的工作效率。

财务部如何培养得力副手

财务部是一个公司非常重要的部门，更是企业经营的命脉。部门管理者在选择培养副手时，需要特别慎重地考虑。选择副手时可参照如下几点。

◆ **要选诚实守信的人做副手**：财务部的工作就是跟公司有关的金钱打交道，除了要定期上报公司财务数据和分析报告外，还要负责公司员工的薪酬、奖金和福利等的计算及发放等工作。为了避免出现一个贪财的副手，管理者就需要选择诚实守信的员工作为副手，不仅能协助经理完成财务工作，还能激励老实员工对工作产生激情。

◆ **心浮气躁的员工不宜做副手**：这类员工做事不够细心，耐心也不足。作为财务部经理的副手，平时的工作对细心和耐心的要求更高，而且在数据的收集整理和分析方面要有较强的能力。心浮气躁的员工显然不能同时满足这两个条件。

◆ **虚荣心强的人不适合做副手**：这类员工喜欢显摆自己的能力或者地位，若是成为副手，很可能引起其他员工的不满，不利于部门的管理，可能还会给其他员工造成困扰。如果出现这些不利情况，就是明显违背了授权激励的初衷，培养副手的激励效果并不能长久。

人事部如何培养得力副手

人事部的工作相比行政部更加有针对性，专门负责公司的人事变动问题。对员工的能力要求也有较强的针对性，如员工要有较强的随机应变能力、组织计划能力、指挥管理能力和为人处事的能力。

因此，人事部管理者要培养副手，在选择重点培养对象时需要综合考虑员工的各项能力，这样才能全方位协助管理者做好部门和公司的人事工作。另外，做事没有责任心、容易半途而废甚至喜欢假手于人的员工不适合做人事部管理者的副手。

◆ 对重点培养对象安排其日常会做的工作，让其慢慢接触管理工作。

◆ 定期给副手以重要能力培训，如组织能力。

◆ 提高对培养对象的工作要求。

◆ 强化培养对象的保密意识，为以后进入管理层做准备。

公司里的其他部门管理者同样需要培养副手，具体都要根据部门对人才的需求进行合理的筛选，大致都是要从员工的工作态度、人品、性格和工作成果等方面考虑。而各个部门的员工一旦得知管理者将培养副手的消息后，通常都会充满干劲，以期自己的实力能够被管理者发现，进而获得晋升的机会，公司也因此达到激励员工的目的。

NO.037
哪些权可授，哪些权不能放

很多人都看过关于商战的电视剧，这些电视剧给我们一个非常明显的警示：公司的董事长只有在掌握一定的控制权时，才不会被轻易动摇自己的地位，才能维护好公司的名誉、形象和生意。而对于整个公司来说，只有对员工授予合理的权力，才能更好地维护公司的利益，保证公司的运营处于一个良好的环境中。

案例陈述

某公司销售部新受聘的两名员工小张和小齐，刚到公司时，销售部主管詹先生就告知他俩，在他们工作的前几个月里，凡是涉及付款和订货的事情都要先和詹先生商量。而詹先生还叮嘱小张和小齐，在未了解情况之前，不要对下属人员指手画脚。但不久，小张就抱怨自己近期签发的一张支票被退了回来，原因是小张的签字没有被授权认可，但小张在签发票之前找过詹先生，而詹先生说这件事可以由小张自行决定。小齐则抱怨詹先生交给自己的任务需要其他员工配合才能完成，但其他员工以没有得到詹先生的允许为由拒绝帮忙。

由上述案例可以看到，詹先生没有认清楚任务授权的类型，即没有搞清楚什么事该授权，什么事不该授权。要想搞清楚哪些权该授或可授，哪些权不该受或不可授，就要明确哪些工作必须授权，哪些工作应该授权，哪些工作可以授权，哪些工作不可以授权。

（1）必须授权的工作。授权风险低、工作内容经常重复、交给下属做会做得更好甚至更有利于工作，公司可以将这些工作授权给员工。

（2）应该授权的工作。刚任职时不具备相应工作能力，但经过专业培训可逐步掌握工作方法和技能的工作；员工过去没有做过、对上级或下属都具有挑战性但风险不大的工作，如销售模式的试点等；虽然整个工作授权给下属可能会有很大风险，但通过划分权限可对关键环节进行控制的工作。

（3）可以授权的工作。按照常规，这类工作一般都是公司上级授权给中层经理去做，有一定的难度和挑战性，需要有较高的能力才能胜任。另外，专业性较强、不需要亲手做或有利于下属发展的工作也可以授权。

（4）不该授权的工作。工作中需有具有一定身份地位的、涉及公司重大决策的、重要岗位人员任免的、信息披露受限制的、直接下级的考核与奖惩以及需要财务签字权和采购审批权的工作。

NO.038
如何防止下放的权力过大而引发消极情绪

很多人会问，当公司下放的权力过大时，会引发什么样的消极情绪？显然，授予员工的权力过大时，可能使被授权员工滥用权力，进而影响到其他员工的利益。而且，当其他员工发现某同等级的同事拥有比自己更大的权力时，容易产生嫉妒心理，同时对公司的授权感到不满，工作中会带有情绪，不利于工作的开展。那么作为公司方，如何才能防止授予权力过大带来的负面影响和消极情绪呢？

（1）授权之前评估权力的大小。所谓防患于未然，为了避免下放权力过大引发消极情绪或负面影响，公司可以在授权之前，通过一定的方式或方法对权力大小进行评估，当权力大小与被授权员工的工作内容相匹配时才可予以授权。

（2）授权之后对员工行为进行监督。如果公司授予了员工权力后发现该权力过大，则可以通过监督员工行为的方式防止员工滥用权力，进而避免引发其他员工的消极情绪。

（3）给其他员工提供表现才能或晋升的机会。天平的两端保持平衡，可以有效降低天平损毁的可能性。公司对员工的管理也是一样，有人升职加薪，自己却还在原地踏步，这样的情况搁谁身上都会感到不愉快。公司在对某个或某些员工下放了过大的权力时，可以通过为其他员工提供表现才能或晋升机会来约束享有过大权力的员工，保持公司管理的平衡性，保证公司组织的有序性和整体性。

（4）采取上下级互相监督机制。对于管理者来说，没有太多的时间监督拥有过大权力的员工，为了减轻管理者的负担，也为了促进公司内部上下级员工的良性竞争，公司可以制定上下级互相监督机制，上级监督下级的工作进展和状态，下级监督上级的行为是否滥用权力或越权。

（5）公司建立统一的内部通道，用于员工投诉。这样一来，被授权员工的行为和管理者一样，受到所有员工的关注和审视，间接起到监督和评估效果。同时，还要建立专门的暗查小组，考评举报内容的真实性。既让普通员工拥有了监督批评权，也能保证被授权员工的合法权益。

（6）给被授权员工适当的指导。对于被授权员工来说，获得的权力过大也并不是什么好事。因为权力过大时，要负责的工作内容较多，管理范围大，没有太多管理经验的员工甚至找不到执行权力的头绪，严重时可能导致员工用错权，办坏事。此时公司管理者或领导人要对被授权员工进行专业的指导，帮助其合理运用手中的权力。

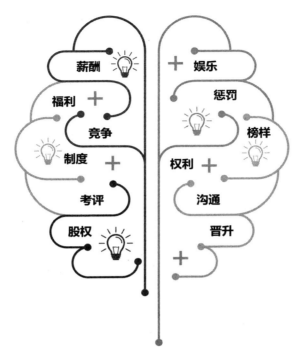

第5章
股权激励魅力大，公司与员工利益双赢

股权激励是当下企业管理中一种比较新颖的激励措施，也是一种长期的激励方法，为企业留住核心人才起到很好的作用。股权激励能够实现公司和员工的利益双赢，不仅让员工在工作上有所提升，还能使公司在发展道路上走得更稳、更好。

NO.039
设计股权激励计划要考虑哪些因素

企业对员工进行股权激励是指给予员工部分股东权益，使员工与企业结成利益共同体，从而实现企业的长期目标。而股权对公司而言非常重要，在一定程度上代表了公司的经营能力。

股权激励是一种通过经营者获得公司股权和一定经济权利，使被激励者（员工）能够以股东的身份参与企业决策、分享利润且承担风险，从而勤勉尽责地为公司的长期发展服务的激励方法。

股权激励可以给员工带去很多物质好处和实际权力，对于公司来说，要掌控好股权激励的各个环节，否则很可能因为股权激励影响公司的正常经营管理活动。那么，公司在设计股权激励计划时需要考虑哪些因素呢？

◆ **激励对象**：既有企业经营者的股权激励，也有普通员工的持股计划，如以股票支付董事报酬或以股票支付基层员工的报酬。

◆ **股权激励的相关规定**：用于激励的股权价格、期限、数量和是否允许员工自主售股等规定。如果可以自主售股，应明确售股的数量限制范围等。

◆ **权利与义务**：股权激励中，要对员工是否享有分红收益权、股票表决权和如何承担股权贬值风险等权利义务做出规定。

◆ **公司对股权的管理**：包括公司对用于激励的股权管理方式、员工股权获得来源和股权激励占员工总收入的比例等。

◆ **操作方式**：包括是否发生股权的实际转让关系和股权来源等。一些情况下，为了回避法律障碍或其他操作上的原因，在股权激励中，实际上不发生股权的实际转让关系。而股权的来源方面，有股票回购、增发新股和库存股票等。

综上所述，公司在设计股权激励计划时要考虑九大要素：股权激励的目的、对象、模式、股权数量、股权价格、股权有效时间、股权来源、获得股权的条件以及相关的机制。

公司通过对这些因素涉及的内容分别进行阐述和说明，最终形成一份完整的股权激励计划。这一计划可以指导公司顺利地对员工进行股权激励，并且对公司在进行股权激励时可能存在的风险做出警示，防止公司走上错误的经营道路。

股权激励的实施过程中，可能会遇到一些突发状况和特殊情况，公司需要根据实际情况进行合理的股权激励，不能生搬硬套股权计划中的规定或标准，这样才能灵活地实施股权激励计划。

NO.040
为股权激励创造各种机制环境

股权激励手段的有效性在一定程度上取决于公司各项制度或机制的建立健全，只有在合适的条件下，股权激励才能发挥其积极引导员工长期行为的作用。因此，公司需要为股权激励创造各种适用的机制环境，以期利用股权激励鼓舞员工。而这些机制环境可以总结为公司选择机制、公司评价机制、控制约束机制、综合激励机制和国家提供的政策法律环境。

（1）公司选择机制。完善的公司选择机制可以保证员工的素质，并对员工的行为产生长期的约束引导作用。以行政任命或其他非公司选择的方式选定的股权激励对象（员工），很难与公司的长期利益保持一致，很难使激励发挥作用。在这种机制下，员工的价值是公司确定的，员工在工作中会考虑自身的价值定位，从而避免偷懒或危害公司利益等行为发生，这样的股权激励才可能是经济的、有效的。

（2）公司评价机制。没有客观有效的公司评价，很难对员工的业绩和公司的实际价值做出合理评价。在公司过度管理、政府过度干预和审计体系等不能保证客观公正的情况下，很难确定公司的长期价值，也很难通过股权激励的方式来评价和激励员工。而合理公正的公司评价机制可以起到激励约束的作用。

（3）控制约束机制。这一机制是对员工行为的限制，包括法律法规、公司规定和公司控制管理系统。良好的控制约束机制能防止员工做出不利于公司的行为，保障公司的健康发展。

（4）综合激励机制。公司通过综合手段对员工行为进行引导，包括工资、奖金、股权激励、晋升、培训、福利和良好工作环境等。不同激励方式的导向和效果是不同的，不同企业、不同员工、不同环境和不同业务对应的最佳激励方法也不同，公司需根据不同情况设计激励组合。而股权激励的形式和大小取决于激励成本和收益的综合考虑。

（5）政策环境。政府有义务通过法律法规和管理制度等形式，为各项机制的形成和强化提供政策支持，创造良好的政策环境。不合适的政策环境将阻碍各种机制发挥作用。目前在国内的股权激励中，在操作方面主要面临股票来源和股票出售途径等具体的法律适用问题。所以政府需要通过加强资本市场监管和消除不合理的垄断保护等手段来为公司的股权激励创造良好的政策环境。

NO.041
股权激励的细节影响股权激励的效果

正所谓"细节决定成败"，公司在进行股权激励时也应该注意其中的细节，避免股权激励效果受到这些细节的影响。

案例陈述

近期，某游戏开发公司出现了人才流失的现象，为了阻止人才继续流失，公司决定对游戏开发部门的员工进行股权激励，以同样的优惠价格让员工购买公司的股权。当然，员工购买公司股权后即拥有了一定的股东权益，等到年末，员工还可能享受分红权，获得公司的分红。

但公司做出的股权激励措施并未有效改变人才流失现象，还是有一些在公司做了很多年的开发部老员工离职，甚至还出现了其他部门员工离职的情况。公司对此现象很不理解。于是集合公司高层和人事部员工开会，就人才流失问题进行调查分析，研究制定解决的办法。

分析上述案例，该公司在对员工进行股权激励时，没有考虑到其他部门员工的利益，只给游戏开发部的员工实施股权激励，造成公司内部不公平，这一做法很可能是导致其他部门员工离职的原因。同时公司对游戏开发部员工进行股权激励，没有按照员工实际能力进行区分，所有员工以同样的优惠价格购股，造成老员工和更有能力的员工内心不平衡，老员工觉得自己没有受到优待，因而要离开公司。

由此看来，股权激励的实施过程中如果不注重细节，则可能影响其激励效果。那么，公司在进行股权激励时具体要注意哪些细节呢？

◆ **激励对象的范围**：股权激励的目的就是激励员工，平衡企业的长短期目标，特别是企业长期发展和战略目标的实现。因此，确定激励对象的范围必须要以企业战略目标为导向，不仅要选择对企业战略有突出贡献的员工，还要考虑员工管理系统的平衡问题，注重员工待遇的相对公平，真正发挥股权激励的作用。

◆ **股权激励模式的选择**：股权激励模式包括业绩股票、股票期权、虚拟股票、股票增值权、限制性股票和员工持股等。不同的股权激励模式的实施过程不同，达到的效果也有差异；而且，不同的激励模式适合的员工的类型也不同。比如股票期权和股票增值权激励适合与公司发展同步、相信公司并愿意长期为公司做出贡献的员工。

◆ **员工能力与股权激励的匹配**：公司对员工进行股权激励时，要考虑员工的实际能力，从而根据能力的不同给予不同级别的股权激励。有区别才有竞争动力，从而有效激励员工努力工作。

除以上 3 个股权激励的实施细节外，还有很多细节需要公司在具体进行股权激励中认真发掘并予高度观注。

NO.042
公司如何对口选择股权激励模式

在上一个知识点中，我们介绍了股权激励的部分模式。以下对几种常见的股权激励模式进行详细介绍，见表5-1。

表5-1 股权激励的几种模式

模式	含义
业绩股票	指在年初确定一个较为合理的业绩目标，若员工到年末时达成预定目标，则公司授予员工一定数量的股票或提取一定的奖励基金购买公司股票
股票期权	指公司授予员工的一种权利，员工可以在规定的时期内以事先确定的价格购买一定数量的公司流通股票。股票期权的行权也有时间和数量限制，且需要员工自己行权支出现金
虚拟股票	指公司授予员工一种虚拟的股票，员工可以据此享受一定数量的分红权和股价升值收益。但员工没有股票的所有权，没有表决权，且不能转让和出售这些股票，离开企业时会自动失效
股票增值权	指公司授予员工的一种权利，若公司股价上升，员工可通过增值权获得相应数量的股价升值收益，并且员工不用为增值权付出现金，行权后获得现金或等值的公司股票
限制性股票	指事先授予员工一定数量的公司股票，但对股票的来源和抛售等有一些特殊限制，一般只有当员工完成特定目标后才可抛售限制性股票，并从中获益

大多企业在经济市场的发展中，根据自身实际情况采取了灵活的股权激励办法，因此衍生出常见的三大模式：虚拟股份激励模式、实际股份激励模式和虚实结合的股份激励模式。

虚拟股份激励模式下的股权只有分红权（部分带有净资产增值权），不涉及公司股权结构的实质性变化，如虚拟股票激励和股票期权模式等，该类模式的次类股份为岗位股份（过身股）。实际股份激励模式下的股权具有分红权、净资产增值权、表决权和所有权，不仅涉及公司股权结构的实质性变化，还会直接完善公司的治理结构，如员工持股计划和管理层融资收购模式等，该类模式的次类股份为实股（过银股）。虚实结合的股份激励模式是指在一定期限内实施虚拟股票激励模式，到期时再按实股激励模式将相应虚拟股票转为应认购的实际股票，如管理者期股模式和限制性股票计划模式等。

常见股权激励模式的特点和公司的对口选择

由于不同的股权激励模式实施过程不同，且激励效果也会不同，所以公司要对口选择适合自己的股权激励模式，这样可以最大限度地发挥股权激励的积极作用。

（1）股票期权以未来二级市场上的股价为激励点，不需要企业支出大量的现金进行即时奖励。所以股票期权激励模式特别适合成长初期或扩张期的企业，特别适合网络和科技等发展潜力大、发展速度快的企业。一方面，这种企业股价上升空间大，将员工的收益与未来二级市场上的股价波动联系起来，能够达到很好的激励作用，并且股票期权实施的时间期限一般为 5 ~ 10 年，所以对留住人才和避免管理层的短视行为具有较好的效果。同时，这种企业本身发展和经营的资金需求较大，而股票期权不需要企业现金支出，可降低激励成本，所以比较受该类企业的欢迎。当然，其他企业也可以采用这种模式。目前，股票期权是上市公司采用最多的一种股权激励模式。

（2）虚拟股票或分红权激励模式实际上是将奖金延期支付，其资金来源于企业的奖励基金，发放不会影响公司的总资本和所有权结构。同时，虚拟股票受市场的影响小，只要公司有好的收益，员工就可以通过分红获得好处。但跟股票增值权模式一样，虚拟股票模式也需要公司以现金支付，公司的现金压力较大，所以适合现金充足且发展稳定的成熟型企业或非上市公司。

（3）股票增值权的授予不会影响公司的总资本和所有权结构，不涉及股票来源问题，但大多是现金兑现，所以企业资金压力较大，适合现金充足且发展稳定的成熟型企业。

（4）限制性股票的特点是以公司的业绩为股票授予条件，公司业绩与被激励员工的收益联系特别密切，只有公司业绩达到预定要求，员工才可免费受赠或被低价授予股票，否则激励计划取消。该模式在成熟型企业中能收到更好的效果，因为该类企业短时间内的股价上涨空间不会很大，所以员工的收益更多来自于股票本身而非股价的涨幅。

常见股权激励模式具体实施过程

不同的股权激励模式在实施过程上有明显的区别，以下详细了解常见的几种股权激励模式的实施过程。

（1）股票期权激励。公司事先授予员工股票期权，设定员工可以购买公司股票的条件（通常称为行权条件），只有行权条件成立时员工才有权购买公司股票（行权），把期权变为实在的股权。行权条件一般包括 3 个方面：一是公司要达到的预定业绩；二是授予期权后需要等待的时间（一般为 2 ～ 3 年）；三是员工通过考核且没有违法违规事件等。行权条件成熟后，员工有选择行权或不行权的自由，获得的收益体现在授予股票期权时确定的行权价和行权后股票市场价之间的差额。若股票市场价高于行权价，且对公司股票有信心，则员工会选择行权，否则员工会放弃行权，股票期权作废。

（2）限制性股票激励。公司预先设定要达到的业绩目标，当业绩目标达到后，公司将一定数量的本公司股票无偿赠与或低价售予员工。在禁售期内员工获授的股票不能抛售（禁售期根据员工的不同设定、不同期限，如对公司董事或经理的禁售期限长于一般员工）；当达到既定业绩目标后，员工的股票可以解锁（解锁一般是分期进行的，可以是匀速也可以是变速），即可以上市交易。

（3）股票增值权激励。公司授予员工一定数量的股票增值权，每份股票增值权与每股股份对应。在授予股票增值权时设定一个股票基准价，若执行日股价高于基准价，则两者的价差就是公司奖励给员工的收益，收益总和为股票执行价与股票基准价的价差乘以获授的股票增值券数量。而奖励一般从未分配利润中支出；若执行日股价低于基准价，则员工要受到惩罚，如股票执行价与股票基准价的价差的 1/2 从员工的工资中分期扣除。

员工持股计划收获人心

　　员工持股计划属于股权激励中的一种长期激励办法，是通过让员工持股的方式，最大化员工的主人翁感及组织承诺。员工持股计划兴起于 20 世纪 50 年代的美国。

　　在员工持股计划中，员工持有一定数量的公司股票，这些股票是公司无偿赠与员工的，或是公司补贴员工购买的，也可以是员工自行出资购买。员工在股票升值时可以受益，股票贬值时遭受损失。员工持股计划涉及的股权将委托公司的员工持股会管理运作，而员工持股会的持股员工代表进入董事会参与表决和分红。

　　与股票期权等常见股权激励模式一样，员工持股计划激励模式也有自己的实施步骤，大体情况如下。

◆ 设立员工持股会，统一管理员工股东的出资。

◆ 界定员工持股会的职权，规范员工持股会的组织和行为。

◆ 设计员工持股计划，主要内容包括持股员工的资格（被激励员工范围和数量）、员工持股总量控制、员工股票的分配及员工股票的托管和出售等。

上述内容为员工持股计划的大致实施步骤，具体的操作流程如下。

（1）进行实施员工持股计划的可行性研究，包括涉及到的政策允许程度、对企业预期激励效果的评价、财务计划和股东意愿是否统一等。

（2）对企业进行全面的价值评估。员工持股计划涉及所有权的变化，若高估企业价值，则员工不会愿意购买股权；若低估企业价值，则会损害企业所有者的利益，在我国主要表现为国有资产的流失。

（3）聘请专业咨询顾问机构参与计划的制订。我国企业由于长期缺乏在完善市场机制下经营的全面能力，如对一些除产品经营外的经营能力，特别是对于一项需要综合技术、涉及部门多和关系界定复杂的工程，聘请专业人才或机构的参与是必要的。

（4）确定员工持股份额和分配比例。根据员工的能力和对公司做出的贡献等确定员工持股份额和分配比例，做到内部相对公平，既起到激励员工的目的，又还不会损害企业所有者的利益。

（5）明确职工持股的管理机构。我国各个企业基本上存在着较为健全的工会组织，如员工持股会。但对于一些大型企业来说，也可以借鉴国外的经验，由外部的信托机构或基金管理机构来管理员工所持股份。

（6）解决实施计划的资金筹集问题。国外企业实施员工持股计划的资金来源一般是金融机构的贷款，而我国目前还是主要以员工自有资金为主，企业提供部分低息借款。

（7）制定详细的计划实施程序。计划实施程序主要体现在员工持股的章程上，章程应对计划的原则、参加者的资格、管理机构、财务政策、分配办法、员工责任和股份回购等做出明确的规定。

（8）制作审批材料，进行审批程序。员工持股计划在实施前，需要通过集团公司、体改办或国资管理部门等机构的审批，但其中也有比较灵活的做法。

员工持股计划可以有效激励员工，提高工作积极性和效率，实现员工和公司双赢。但在我国国情下，社会对员工持股计划的相关问题敏感度较高，所以公司在进行员工持股计划达到股权激励目的时，要谨防几个雷区。

◆ **避免细则不明就盲目进行员工持股计划式股权激励：** 目前，国内针对员工持股计划还没有形成系统的制度规范和实施细则，各地出台或拟出台的员工持股政策较原则化，很多企业对员工持股计划如何操作还处于"心里没底"的状态。所以很多企业都期望着尽快由国家层面制定员工持股规范和细则，尤其是员工持股退出机制的建设，防止持股成为特定一批人的固化利益。

◆ **避免员工持股"福利化"造成的"大锅饭"：** 一些企业会把员工持股片面当成福利分配。但事实上，员工持股除了让员工获得收益之外，员工还需承担相应的风险和责任。若进行平均的、普通的员工持股，将员工持股"福利化"，则容易形成"大锅饭"，企业的分红压力也会较大。所以，与全员持股相比，采取管理层和技术骨干持股的方式有利于稳固公司的核心团队，激活企业发展的内生动力。

NO.044
"绑架"式股权激励限制员工离职

"绑架"式股权激励是指公司在进行股权激励时，规定股权激励对象（员工）在以优惠价格获得股票后的一定期限内不得离职，若离职，则要以支付违约金的方式向公司承担违约责任，而违约金的计算方式为股票市价减去发行价后的差值乘以认购股数。

"绑架"式股权激励主要是一种面向企业高管的激励手法，目的在于通过向高管提供激励，激发其动力，并与公司其他利益相关者共同分享成果。

案例陈述

某计算机技术开发公司自创建以来已经有 8 年的时间了，从跌跌撞撞的"求活命"阶段过渡到了持续发展寻求更大突破的阶段。但公司的运转基本上靠创始人和几名老员工。换句话说，公司的成败全部维系在创始人和几位老员工身上。创始人为了防止老员工离职给公司带来"釜底抽薪"的沉痛打击，决定利用员工持股计划方式对几位老员工实行股权激励。

由于几位老员工和公司的创始人关系很好，所以在股权激励实施后不久，几位老员工找创始人谈话，明确说出了之前大家的想法。原来，在创始人实施员工激励计划之前，几位老员工中有个别的人想过离职跳槽。但后来因为创始人实施了员工持股计划的股权激励，最后决定还是留在公司，即使员工持股计划有一定的时间限制，但看在创始人的面子上，大家也都坚定地选择留下。

根据员工持股计划的特点分析，该股权激励模式也有"绑架"激励的意味。虽然"绑架"式股权激励在一定程度上可以约束员工的离职行为，但用得不好会弄巧成拙，引发员工内心的不满，使得员工做出"鱼死网破"的行为，也就是宁愿不要股权带来的收益也要离开公司。

由于"绑架"式股权激励主要针对企业高管，因此该模式下高管获得的利益通常比一般员工高，因此弄巧成拙的可能性更低。而对普通员工实施"绑架"式股权激励，员工所能获得的利益并不算很高，离开公司会损失的股权利益不足以动摇其离开公司的决心，而且员工还会因为公司管理的不人性化坚定离开公司的决定，所以弄巧成拙的可能性极高。

由此可见，对于急需人才和人才缺乏的公司来说，不宜对普通员工进行"绑架"式股权激励；但可以对高管实施适当的"绑架"式股权激励，以此留住能力强的管理者继续为公司效力。

NO.045
激励与约束机制相配套的业绩股票激励

业绩股票激励是指公司用普通股作为长期激励性报酬支付给员工，股权的转移由员工是否达到了事先规定的业绩指标来决定，是股权激励的一种典型模式。

若公司采用业绩股票激励，则需在年初时确定一个较合理的业绩目标。如果被激励对象（员工）到年末时达到了预定业绩目标，公司授予其一定数量的股票或提取一定的奖励基金购买公司股票。

被激励员工需要注意的是，业绩股票的流通变现通常有时间和数量限制，员工要在以后的若干年内通过业绩考核才可获准兑现规定比例的业绩股票，如果没有通过业绩考核或出现有损公司利益的行为及非正常离任等情况，没有兑现部分的业绩股票将被取消。

与其他股权激励模式一样，业绩股票激励也有自身的额特点，具体内容如下。

◆ 员工的激励奖金是建立在公司当年的经营业绩基础之上，直接与当年利润挂钩，一般与当年公司的净资产收益率相联系，公司每年根据员工的表现，提取一定的奖励基金。

◆ 公司奖励基金的使用是通过按当时市价从二级市场上购买公司股票的方式完成，从而避开了有关股票期权的法律障碍。

◆ 员工持有的公司股票在行权时间上均有一定限制。

◆ 员工的激励奖金在一开始就全部或部分转化为了公司的股票，实际上在股票购买上有一定的强制性。

业绩股票激励的优点比较突出，除了可以激励员工认真积极地工作外，还能对员工的行为有一定的约束作用。

（1）激励员工努力完成业绩目标。为了获得股票形式的激励收益，员工们会努力地去完成公司预定的业绩目标。而员工获得激励股票后便成为公司的股东，与原股东有了共同利益，会加倍努力地提升公司业绩，进而获得应公司股价上涨带来的更多收益。

（2）具有较强的约束作用。员工获得奖励的前提是实现一定的业绩目标，并且收益在将来逐步兑现。如果员工没有通过年度考核，或是做出有损公司利益的行为及非正常调离等，员工将受风险抵押金的惩罚或被取消激励股票，这样的做法会产生较大的退出成本。

（3）激励与约束机制相配套，效果明显。公司每年度都会对员工进行考核，即每年都会实施一次业绩股票激励，这样就能发挥滚动激励和滚动约束的效用。

NO.046

非上市公司如何用好股权激励

股权激励不是上市公司的"专利"，对于非上市公司来说，股权激励既是可行的，也是必要的。究其原因，有如下几点。

（1）可端正员工的工作心态，提高企业的凝聚力和战斗力。从员工到股东，这是员工身份的质变，同时就会带来工作心态的改变。以前是为老板打工，成为股东后是为自己打工，员工更加关心公司的经营状况，会极力抵制一切损害企业利益的不良行为。

（2）可规避员工短期行为，维持企业发展的连贯性。"缺乏安全感"往往是员工离开公司的一个关键因素。离职这样的短期性行为频繁发生，必定会危及企业的长期利益。股权激励表达了公司与员工长期合作的心愿，从而留住人才，顺利推进企业发展。

（3）可吸引外部优秀人才，为企业不断注入新鲜血液。对员工来说，其身价不仅取决于工资的高低，更取决于拥有的股权或期权的数量和价值。而且，拥有股权或期权也是一种身份的象征，是满足员工实现自我需求的重要手段，可以吸引更多人才进入公司。

（4）可降低短期成本支出。金融危机的侵袭使企业对每一分现金的支出都表现得格外谨慎。股权激励作为固定薪酬支付的部分替代，可以在很大程度上实现企业与与员工的双赢。

案例陈述

　　某企业是上海一家大型自主研发企业，近年来市场行情一片大好，公司转入高成长期。但令股东们担忧的是，团队的工作士气开始有消沉的征兆，高层次人才流失率有不断上升的趋势。为了扭转员工的工作状态，保留核心骨干员工，公司尝试推行股权激励计划。

　　该公司对股权激励的实施有如下几点期望：①合理确定每位员工的股权授予数量，避免分配不公；②合理确定股价，确保员工能按个人实际付出分享公司的经营成果；③确定适合公司的激励方式，既要操作简单，又要达到激励效果；④合理确定激励周期，既要使员工看得到希望，又要规避一些员工的短期行为。除此之外，公司还有一些担忧，如当前是市场形势是否适合实施股权激励？授予股权后员工还是不努力工作该怎么办？员工对股权不感兴趣怎么办？

当公司出现像上述案例一样的情况时，管理者要组织相关人员进行研究讨论，集合大家的意见为企业制订出符合自身发展需求的股权激励方案，并且做好监督工作，保证股权激励的实施过程顺利进行，提高股权激励取得成功的可能性。如表5-2是股权激励方案的关键点。

表 5-2　股权激励方案的关键点

关键点	做法
第一步：确定激励对象范围	从历史贡献和难以取代程度两方面确定激励对象范围。激励对象应该对公司过去的经营业绩增长或管理能力提升做出过贡献，或者是掌握了商业核心机密和专有技术的员工。根据以上条件，将激励对象分为了 3 层：核心层，公司的战略决策者，人数占员工总数的 1% ~ 3%；经营层，担任部门经理以上职位的管理者，人数约占员工总数的 10%；骨干层，特殊人才，分数约占员工总数的 15%
第二步：确定激励力度	进行人力资本价值评估，结合公司业绩和个人业绩的实际情况确定激励力度。处于成长期的企业岗位的界定非常模糊，因此岗位价值不应该成为确定股权激励力度的依据；而处于成熟期的企业，岗位职能明确，岗位价值评估作为确定股权激励力度的依据比较合适。企业若处于成长期，则可以以人力资本价值为依据确定员工的初始激励力度，其中重点考虑员工的影响力、创造力、经验阅历、发展潜力和适应能力等因素，配合股权激励考核机制，对高层面员工加强公司绩效考核，低层面员工加强个人绩效考核，划分考核成绩的等级，按等级确定最终的激励额度
第三步：确定激励方式	从员工的敬业度和员工出资意愿等方面确定激励方式。企业可以对忠诚度高的员工采用实股激励，股本数占公司总股本的 5%；个人授予量按照个人对于公司的价值进行计算，如个人授予量 = 实股激励股本数 × （个人人力资本价值 / 个人人力资本价值总和），使员工体会到当家做主的感觉；对不愿意出资的员工采用分红权激励和期权激励，个人获授分红权数量 = 个人人力资本价值 / 每股分红额，个人获授期权数量 = 个人人力资本价值 / 每股价差收益
第四步：确定股价增长机制	股权激励之所以能调动员工的积极性，主要是因为员工可以通过自身的努力影响激励成果的大小和实现概率。选取恰当的激励标的物可以实现企业与员工的双赢。确立激励标的物时要考虑 4 个因素：激励标的物必须与公司的价值增长一致、激励标的物的价值评定应该是明确且令人信服的、激励标的物的数值应该是员工可以通过自身努力而影响的以及公开激励标的物时应该不至泄露公司的财务机密。对照上述标准并结合公司的发展阶段，比如可以选择"销售额"这一增长指标作为股价变动的标的物，若目标年度销售额相对于基期年度销售额的增长率为 50%，则股价增长 30%

关键点	做法
第五步：确定激励周期	从企业的战略规划期、员工的心理预期和工作性质等方面确定激励周期。股权激励的周期应与企业的战略规划期相匹配，也要适合员工的工作形式。比如，可将股权激励授予期设为 3 年，按 3:3:4 的比例每年都授予，分 3 次授予完毕，同期股权的解锁和期权的兑现也可分 3 年期实施，一项股权激励计划将延续 6 年才能完成。而循环激励机制是在激励的同时施加约束，强化长期留人效用
第六步：避免法律纠纷	签署授予协议，细化退出机制，规避法律纠纷。具体做法可参考《中华人民共和国劳动合同法》，比如公司是研发型企业，则可从 3 个方面界定退出办法：①对于合同期满、法定退休等正常离职情况，已实现的激励成果归员工所有，未实现部分由企业收回，若员工离开企业后还会在一定程度上影响企业的经营业绩，则未实现部分也可予以保留，以激励其能继续关注公司的发展；②对于辞职、辞退等非正常离职情况，除了未实现部分自动作废外，已实现部分的收益可适度打折处理；③对于只出勤不出力的情况，若员工连续两次考核不合格，则激励资格自动取消，即默认此员工不是公司所需的人力资本，没有资格获取人力资本收益

　　由此可见，非上市公司实施股权激励也并不是一件简单的事，不仅要遵循一定的步骤，方案的设计也要认真、仔细且完善。对于股权激励可能产生的各种风险和法律纠纷也要有事先规避措施，比如公司在确定了股权激励方案后，可以与激励对象（员工）签署股权授予协议，这一行为不仅标志着股权激励正式实施，而且还能对公司和员工双方的权利和义务进行明确界定。

NO.047

运用股权激励要注意的问题

作为公司要清楚知道，股权激励不当也会产生一定风险，公司要重视其中的利害关系，采取适当措施，尽量规避这些风险。

股权激励使用不当可能产生的风险

股权激励不当，不仅对员工起不到激励作用，而且还会给企业的经营带来风险。

◆ **选错激励工具，不能挽留员工**：在创业公司里，有的员工自认为做得不错，但公司在给了股份以后，员工却觉得股份太少，没有竞争对手开出的条件丰厚，于是选择离职。因此，股权激励最好能给员工以想象空间，引起员工的好奇心和注意力。另外，限制性股权激励都有期限，期限一过，股权激励就会失去作用。

◆ **缺乏公平公正性，引发新矛盾**：股权激励的差异可能会让部分员工质疑公司的公正性。因此，对股权激励进行适当公开，会对员工起到精神激励的作用。比如公司定期股东会议只有创始人和持股骨干可以参加，其他人没有权限参加，参会者仿佛被贴上标签，能起到很强的精神激励作用。另外，还要保证股权激励的方式和力度等要公平。

◆ **没有约束机制，催生懒人**：有些创业公司给员工股权后，没有相应的约束机制和规定，员工工作自由散漫，催生了一些懒人。这样既不能达到公司激励目的，还增加了公司运营成本。

◆ **能激励普通员工，但不能激励能力强的员工**：对于不太能干（普通）的员工来说，股权激励属于额外惊喜；对于能干的员工而言，股权激励不够丰厚或不能吸引人，等于没有激励。

那么公司在进行股权激励时应该注意哪些方面的问题来规避这些风险呢？

（1）把握好股权激励的数量和分配方式。只有当股权数量合适时，才不会发生激励不足或激励过度带来的风险。在分配上，可以按职位级别和重要性选择激励对象并进行股权分配，也可考虑按业绩评估结果进行调整。

（2）把握股权价值和定价方法。在估值和定价上，应当避免行权价格过低，这样一来，当员工行权时，若市价比行权价低，员工获得的收益较多；若市价比行权价格高，员工还将获得有效收益。

（3）要制定合理的业绩标准。业绩标准合理，根据业绩标准进行的股权激励才会相对公平公正，才能真正起到激励员工的作用。

（4）注意为员工创建良好的激励机制和环境。股权激励的有效性在很大程度上取决于员工工作环境和考核机制等的建立健全，只有在合适的机制和环境下，股权激励才能引导员工积极自觉工作。

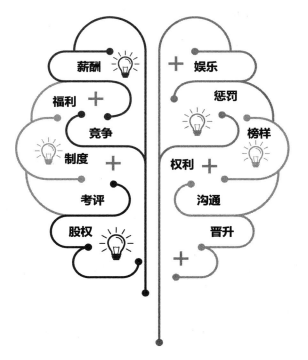

第6章
晋升激励有盼头，让员工劳有所得

就国内目前的大多数企业来看，员工晋升就意味着提高工资，也意味着拥有更大的权力。作为员工，肯定是非常开心的，觉得工作的前景有盼头。因此，公司对员工实施晋升激励，可以让员工感到劳有所得，给予员工切实的希望，达到激励员工的目的。

NO.048
提拔有能力的新人，唤醒麻木的老员工

　　有能力的新人确实是企业的一股新鲜血液，可以活跃沉闷的工作氛围，也能给老员工带来危机感，提醒老员工不能懈怠。

　　对于一个老员工来说，在一个公司待久了，就很想"往上爬"，想尽办法升职，但很多老员工却只想着升职的结果，过程中却不做有利于升职的行为，以为公司一定会根据工龄给自己升职的机会。这种想法在现在的大多数企业中已经不适用了，不管员工的年龄和工龄，只要有能力就有升职的机会，但没有能力的人也别想通过工龄达到升职的目的。

案例陈述

　　老王在一家机械零件生产公司上班，在该公司的工作时间已经有 10 年。因为专门搞生产，管理能力非常欠缺，所以到现在也还是个生产部门的主管。公司建立了多个生产小组，因而不仅个人之间有竞争，各小组和主管之间也存在竞争。而很多老员工的工作激情几乎被磨灭殆尽，很多都在麻木地进行工作，不想创新，不想铆足劲儿冲击业绩。

生产部门经理和公司领导层开会决定，提拔某新人小组中的有能力者，将原来的主管提拔为生产部门副经理，而该小组中的有能力者提拔为生产部门主管。这一做法让新员工更加充满动力，鼓足干劲做好业绩。但却引起了老员工的不满，公司面临解决老员工不满情绪和帮助老员工认清他们的不足的问题。

由上述案例可知，提拔新员工确实可以激励新员工更加努力地为公司效力，也会对老员工造成一定的影响，但这种做法很可能引发老员工的不满甚至是愤怒情绪。那么公司该怎么做，既能激励新员工、唤醒麻木的老员工，又能缓解或避免老员工的不满情绪呢？

◆ **一开始就在员工中形成共识**：公司可以在宣传公司的企业文化时，对员工灌输"为企业创造价值和对员工的差异化待遇是密不可分"的思想，公司不论年龄和工龄，会对高绩效员工进行提拔。这样的做法犹如给麻木的老员工打了"预防针"。

◆ **提拔新人前开展表彰大会**：公司在提拔新人前对相应部门的有能力者进行表彰，间接给新老员工解释即将提拔有能力的新人的原因，让老员工意识到自身的不足，提前防止公司在提拔新人时老员工产生不满情绪。

◆ **提拔新人后组织老员工开会**：在老员工出现不满情绪时，公司应及时组织老员工开会，对老员工的工作状态进行总结，在肯定其成绩的基础上，指出存在的不足，鼓励老员工扬长避短，积极进取，努力工作，为晋升积极创造条件。

晋升对公司有贡献的老员工，稳定军心

公司提拔新人、刺激老员工的做法确实能起到不错的激励作用，但也不能忘记对公司有贡献的老员工。老员工总是比新人更了解公司的实际情况，实际操作经验也比新人丰富。公司对老员工的培养付出了很多心血和成本，如果不能留住有才能的老员工，公司重新将新员工培养成老员工又要花很多成本。

所以，公司在鼓励新员工时也要安抚好老员工，对公司做出贡献的老员工提供晋升机会。那么公司如何界定老员工对公司的贡献呢？可以从如下几个点入手。

（1）在公司业绩惨淡时是否有突出的业绩表现，使得公司渡过难关。如果有，可认为员工对公司有过贡献。

（2）在公司名誉受损时，提出的解决办法帮公司成功地挽回了名誉。这也表示员工对公司做出了贡献。

（3）当公司经营处于瓶颈期时，为公司研发出了具有强大市场竞争力的产品，帮助公司走出瓶颈期。

（4）当公司员工出现大量流失的情况时，帮助公司制定出防止员工流失的有效办法，且确实解决了人才流失问题。

（5）当公司财务出现危机时，设计了有效的融资方案或通过其他方式帮助公司渡过财务危机难关。

（6）向公司提出意见，改变公司的管理方式和组织结构，并被公司采纳，最终让公司的管理制度更好、结构组织更稳固。

（7）为公司带出很多优秀的新人，而这些新员工为公司创造了可观的价值。

总体而言，各公司要根据实际情况界定老员工对公司的贡献，以贡献的重要程度或大小为依据，对贡献不同的老员工进行不同程度的晋升。

大部分中小型企业的职位等级都按照员工、组长、主管、经理和总经理这样的方式层层递进。而常规部门有行政部、财务部、销售部和生产部等，公司规模较大的还可能单独设置人事部。

对老员工的晋升，主要是在同一部门中进行提拔，因为老员工工作年限较长，对原先的工作比较熟悉甚至非常擅长，很多时候都不愿调岗，不想花时间学习新的东西，同一部门晋升可以避免这些员工产生不满情绪。另一方面，对有挑战精神的老员工可以跨部门晋升，为其提供不断学习新鲜事物的机会，提高其综合能力。

NO.050
给予具有理想和潜力的员工学习的机会

不可否认，很多员工都是为了薪水才在公司或工厂上班。但也有一部分有理想有潜力的员工希望通过在公司学习知识，积累经验，步步晋升，将来或跳槽或自主创业。虽然对于企业来说，可能面临将员工能力提高以后离开公司的风险，但为了公司的发展，还是应该给予有理想有潜力的员工学习的机会。

案例陈述

四川一家著名的保险公司拥有雄厚的经营实力，长期以来的管理水平也很高。但一直存在一个问题，保险代理人队伍不是很稳定，每年每季度都有保险代理人离职跳槽。在失业率较高的某段时间，该公司的员工掀起了跳槽高潮，人力资源部的统计表格上赫然显示的跳槽员工数占总员工数的 25%。这一数据让公司领导层十分震惊，董事会让人力资源部的所有员工停下手中的工作，组织调查公司员工离职跳槽的原因。

问卷调查表上大致列举了以下一些离职跳槽的原因：①因为感觉工资不合理决定离职；②觉得福利待遇不完善决定离职；③感觉工作压力很大决定离职；④觉得公司的管理过于严格而想要离职……

公司将问卷表汇总后提交给董事会。董事们一看问卷表，顿时傻了眼，问卷表上所列举的离职跳槽原因的选项几乎是一片空白，也就是说，公司员工的离职原因大都不在工资、待遇和管理等问题上，而很多员工都在其他原因栏中填写了这样的说法："公司给予自己的学习培训机会太少"。

对于有理想有潜力的员工来说，他们更加希望公司花时间和成本来培养提高自己的素质和能力，促使自己在工作中有一个更好的发展。所以，如果公司不给这些员工学习发展的机会，员工就会寻找其他企业达到自己的学习和晋升目的，这样会造成企业人才的流失，不利于企业的发展。而给这些员工提供学习机会，可以通过员工的发展带动公司的发展。那么，公司可以给这些员工提供哪些学习机会呢？

（1）目前岗位的知识深化培训。不同岗位有自己独特的工作内容和处理事情的模式，知识的深度也是不可估量的。为了培养出各岗位的技术能人，公司可以对不同岗位进行相关知识的深化培训，帮助员工在工作中提高工作效率和专业能力。

（2）其他岗位的涉足培训。公司一般会发展一些全能型人才，这些人才必须熟悉公司各个部门的工作内容和工作流程，从而提高自身各方面的能力，进而提高管理能力。而公司要对这些员工提供适时的学习机会，最直接的办法就是在公司内部定期组织各部门的培训会，让公司决定发展成全能型人才的员工参加培训。

（3）提供与员工理想相适应的针对性学习机会。公司首先了解员工对自己的未来有何种理想，然后给员工提供符合理想的学习机会。比如，有的员工想要专研产品的开发，则可以安排员工到公司的研发部学习。

（4）为员工提供出国学习的机会。有的大型外贸公司经常与国外的企业合作，所以对熟知其他国家语言的人才需求特别大。而且公司里也有想深造的有理想的员工，公司为了自身的发展，也应该给这些员工出国学习的机会。

（5）将员工"借"到其他公司工作。有条件的公司，可以与合作公司达成协议，允许双方公司的员工定期到对方公司工作，在工作中学习与本公司不同的工作流程和管理制度。

（6）将公司本部员工"下放"到子公司或分公司指导工作。很多大型企业会安排公司本部的员工到分公司或者子公司出差，这一做法也是给员工学习的机会，而且还能通过"下放"的员工了解分公司或子公司的实际经营情况，传达本部公司的经营理念和管理办法以及学习分公司或子公司的经营技巧。

除了上述提到的一些学习机会外，公司还可以根据自身的实力为员工提供一些公司特有的学习机会，比如员工户外拓展活动。公司给员工提供学习机会的原则就是要让员工学到真正实用的知识和办公技巧，努力提高他们的专业技术能力和综合素质，为公司储备人才和力量。

NO.051
对表现优异的员工破格提拔

实践证明，破格提拔可以在很大程度上满足员工的自信和虚荣心，进而促使员工不得不继续努力为公司工作。

案例陈述

某广告策划公司主要的经营项目是为其他公司或商家制作广告策划案，并帮助公司或商家完成广告宣传。因此，广告策划公司对员工的创新能力要求很高，而且公司内部已经默认以工作业绩的高低作为晋升的依据。

小刘大学就读的就是策划专业，毕业后来到该广告策划公司工作。由于其较好的策划功底和别出心裁的创新理念，在公司的很多笔业务中表现都十分突出，业绩成果非常优异。于是公司决定破格提拔小刘为策划部门的主管。这造成了其他一些员工的不满甚至反对，认为小刘刚进公司不久就被晋升为主管，不太符合正常程序。

在创业型公司中，经常会遇到如上案例中发生的情况。公司为了奖励新人的优异表现，常常破格提拔，给予这些员工更多的权力和工作能力施展的空间。

但是，破格提拔可能造成负面影响，公司需要掌握破格提拔的有效方法，既能对被提拔者有激励作用，又不引起其他员工的嫉妒和不满。

（1）破格提拔的人最好是员工们公认的能力优异者。通常来说，员工们公认的能力优异者人缘较好，即使有些员工心服口不服，也不会在能力优异者被提拔时有强烈的不满情绪。

（2）破格提拔时伴随对其他员工的表扬。有些员工心里很清楚，被破格提拔的员工能力确实很强，但总是会嫉妒，会有点不服。公司要在提拔新人的同时对其他员工施以表扬，对他们为公司的贡献给予充分肯定，指明努力的方向。让其他员工感受到自己被公司重视的同时，自身的能力还需加强和提高。

（3）破格提拔时突出被提拔者责任将变大的事实。正所谓"权力越大，责任越大"。现在的企业中不乏害怕承担责任的员工，既想在很高的职位上行使较大的权力，拿较高的工资，又不想承担责任。如果公司在破格提拔有能力者时，为了堵住悠悠之口，可以同时强调被提拔者的责任重大的事实，让因嫉妒而不服的员工心服口服。

（4）破格提拔的员工接近全能型人才。破格提拔的员工有优异的表现，不仅在销售业绩或办事效率等方面，需要在很多方面都表现优异，否则就会引起单方面表现优异的员工不满，认为公司不能一视同仁。

NO.052
如何规范晋升机制，打破怀才不遇的僵局

其实，大部分公司都存在着晋升机制不完善的问题，有些有才能的员工得不到公司的重视和提拔，成了怀才不遇之人。为了公司的发展，也为了给员工提供更好的发展机会，公司要做的就是规范晋升机制，为员工打破怀才不遇的僵局。

坚持晋升原则是前提

公司和员工都要遵守晋升原则，这是规范晋升机制的前提。那么晋升有哪些原则呢？

◆ **德才兼备，二者不可偏废**：企业不能打着"用能人"的旗号，重用和晋升一些才高德寡的员工，这样势必会在员工中造成不良影响，从而打击员工的积极性。

◆ **各员工机会均等**：人力资源部的工作职责就是要使每位员工面前都有晋升之路，所有员工实行公开招聘、公平竞争及唯才是举（不唯学历也不唯资历），这样才能真正激发员工的上进心。

◆ **正常晋升和破格提拔相结合**：正常晋升是对大多数员工而言，这种晋升可避免盲目性，准确度较高，便于激励多数员工。而对非常之才和特殊之才应实行破格提拔，防止稀有的杰出人才流出公司。

运用适合公司的晋升模式

晋升模式可以引导公司建立恰当的晋升机制，并且规范晋升机制。常见的公司晋升模式见表 6-1。

表 6-1　常见的几种公司晋升模式

晋升模式	含义
按工作表现晋升	在工作表现上可以用若干标准衡量的企业中，人力资源经理可以依据员工的工作表现是否合乎既定标准来决定是否升迁
按投入程度晋升	当一名员工能约法守时，服饰讲究，遵守企业的一切规章制度，能配合上级将工作进行得井井有条，甚至非常出色，则必定会受到上级的赏识，获得晋升的机会
按年资晋升	该晋升模式表面上是只看资历，实际上是资历和能力的结合。员工在获得可晋升的资历后，究竟能否晋升，完全依据公司对员工的考核，这一模式在承认员工的经验价值的同时，给予各员工平等竞争的机会

晋升计划是晋升机制的指导文件

公司在按照晋升制度的相关规定对员工进行提拔时，需要有具体的晋升计划作为指导文件，引导公司更好地给予员工晋升机会。以下是制定晋升计划的步骤。

（1）挑选晋升对象。公司要选好晋升的员工（具体做法参考前述内容），在挑选了极具潜力的特殊人才后，就要对这些人才的工作职责和发展轨迹进行调整，提前为这些员工做好晋升的准备工作。

（2）协助员工制定个人发展规划。公司一旦确定了晋升人选，就要协助员工制定个人发展规划。在制定过程中，公司必须清楚了解哪种规划与这些晋升人才的愿望相符，哪些措施对晋升人才最有效，这些晋升人才的不足又在哪些方面，还有哪些潜力可以发掘。

（3）具体规划工作细则和可能遇到的挑战因素。规划应是长期的、有针对性的，这样员工才能为未来的工作提前做好准备。规划越具体，员工心中越有底，对下一步工作就准备得更充分。

（4）制订辅助计划。公司在制定晋升规划的同时，还应制订一份辅助计划，帮助员工尽快进入新角色，圆满完成晋升过程。

建立明确的晋升通道

不同的公司，其生产经营性质不同，晋升通道也就存在差异。常见的几种晋升通道如下。

（1）技术部门的晋升通道。技术部门的晋升主要依据员工的技术程度来进行，如技术员→技术师助理→技术师→主任等。

（2）行政管理部门的晋升通道。这些部门的晋升依据可以是业绩或管理能力，具体的晋升通道可以是员工→组长→主管→经理→总经理等，也可以是员工→课长→副理→协理→厂长→总经理等。

（3）横向晋升通道。公司在已有部门之间给予员工晋升机会，比如员工进入公司 N 个月后，公司人力资源部就会和员工及其上司一起商量，结合员工的学历、特长、见习表现和兴趣爱好等因素，为员工找寻合适的岗位，建立一条横向晋升通道。

制定明确的晋升流程

公司在对晋升机制进行规范时，必不可少地要规范晋升流程，员工按照规范的晋升流程升职也是晋升机制规范化的表现。下面以主管升经理为例，讲解具体的晋升流程。

◆ **第一步，部门提名**：部门在对主管晋升提名时，对即将推举晋升的主管填写晋升鉴定表，主要内容包括主管的能力特长、过往工作业绩、主管接替人的培养情况和潜质等。晋升鉴定表必须本部经理签字，然后递交人力资源部。

◆ **第二步，公司审查**：人力资源部接到部门晋升鉴定表后，对要晋升成为经理的主管的各项情况予以审核，检查有无特别违纪情况和培训达标记录等，尤其要重点考察主管岗位的接替人员培养情况是否达标。主管要晋升为经理，首先必须要培养 1～2 名后备主管，用于接替主管岗位或公司的储备干部。

◆ **第三步，新职位的培训学习**：人力资源部审核通过后，对要晋升的主管须进行经理岗位的相关培训和学习，一般集中学习一周，其余时间由主管自学。培训学习完毕后进行考核，合格后就可以晋升成为经理。

◆ **第四步，演说上岗**：晋升成为经理的主管发表"施政演讲"，如对新岗位有何信心、有何能力、有何想法、准备怎么做，然后正式上岗工作，成为名副其实的经理。

总的来说，晋升制度的规范过程需要注重 4 个点：资质审查、晋升培训、晋升周期的规定以及责、权、利的统一。

NO.053
晋升激励能让员工知道自己的重要性

晋升激励在一定程度上能够反映员工地位的变化，升职往往意味着地位的提升。因此，晋升激励也可称为地位激励，通过该激励方法可以让员工感受到自己对于公司的重要性，进而付出自己更多的努力，为公司的发展做出更大贡献。

案例陈述

小郎是一个性格较内向、谦虚的人，在公司的工作中，总是积极努力地做好自己分内的工作，有时还会帮助其他同事完成工作任务；但因为其性格的原因，在公司内部没有要好的朋友，同事对他的看法也就是一个"勤奋而又本分的人"。

时间长了，同小郎同一批次进公司的几名员工都得到了晋升。小郎开始自卑地以为是自己的能力不够，人缘不好，对公司的贡献较小，所以得不到公司的重视。

因为小郎一直都抱有这种想法，在工作上一直没有太大的长进，公司领导几乎并不认识有小郎这一号人物。

对于不敢积极表现自己的员工，如果公司不主动发现这些员工的优点，不主动让员工意识到员工自己的重要性，很可能让员工慢慢对工作和自己失去信心，变得越来越自卑，这不仅不利于员工自身的发展，同时也不利于公司的发展。

晋升激励虽然能够给予员工地位上的提升，让员工切实感受到自己的重要性。但是，公司也不能盲目地对员工进行晋升激励，否则会让员工以为公司的晋升很容易。那么，公司在哪些情况下可以对员工进行晋升激励，让员工感受到自己的重要性呢？

（1）本身很有能力的员工不善于表现自己。有些很有才能的员工过度谦虚、自卑，不能认清自身对公司的重要性，而作为公司，要及时对这些员工进行合理的提拔，帮助员工认识到自己的重要性。

（2）对工作表现不理想的员工进行晋升激励。很多员工在岗位上，一开始工作激情非常高，工作效率和整体表现也很突出，但随着时间的流逝，因种种原因没有得到晋升，会以为自己对公司来说只不过是一个普通的员工而已，工作积极性受到影响。因此公司可以对这一类员工进行适当的晋升激励，以激发其工作积极性，为公司多做贡献。

除上述两种常见的情况外，各公司需要根据自身企业内部员工的工作状态和制度环境等考虑在什么情况下对哪些（个）员工进行晋升激励，也就是具体情况具体分析。

NO.054

合理晋升，打消员工的跳槽想法

晋升机制不仅要规范，而且要合理。合理的晋升机制不仅能激励被提拔的员工，还能激励没有被提拔的员工更加努力地工作，争取下一次晋升机会。

案例陈述

商女士是一家公司的销售部经理，除了平常工作外，公司领导还授意商女士为公司选拔培养有用人才，在适当的时候对人才进行晋升激励。于是，商女士开始了人才的物色。尔后选择了一名业绩表现很好的员工作为晋升对象，并且在平时的工作中，商女士也有意无意地对该员工进行培养。

但商女士发现，自己在向人力资源部提交了晋升审核表后，部门里很多时候会成群结队地闲聊。一次偶然听到了员工们闲聊的内容，说自己选择的晋升对象怎么不好，自己的晋升决定对其他员工不公平之类的。商女士对此感到十分不解。

作为公司的管理者，对下属员工进行合理的晋升才能真正起到激励员工的作用。以下内容可以作为合理晋升的参考标准。

（1）减少主观因素的影响。从公司内部晋升人才时，领导者绝不能把目光紧盯在整天围绕自己身边转的员工身上，而应该在全公司和各层次范围内科学、客观地考察和鉴别人才。

（2）不要求全责备。公司在晋升人才时，要注重晋升者的突发优势和才能，帮助晋升者发挥自身的优势和特长，不能遇到做得不好的地方就一味责备。

（3）不要将人才固定化。公司不能长期用一个固定的模式来套用人才，关键是要唯才是举，只要是能够为企业的发展和工作出谋划策的员工，都应该在晋升者的选择范围内。

（4）从全方位发现人才。管理者要从员工档案、工作业绩、部门推荐和考核成绩等方面发现人才，尽量为公司争取全能型的员工。

（5）晋升岗位合理化。岗位在一定程度上可以表示员工的职位高低和权力大小，公司要做到合理化晋升，还要认真考虑员工所适合岗位的高低。不同能力的员工，晋升的岗位应该有区别，这样可以起到互相作用的激励效果，获得高岗位的员工满足了荣誉感，进而更加努力工作；岗位较低的员工可以认识到自己的不足，从而更加努力，以期日后到达更高的岗位。

NO.055
针对同一个员工，怎样把握晋升步调

晋升太慢会让公司面临人才流失的风险，而晋升速度过快又会加大公司的用人压力，进而增加公司的经营负担。所以，公司需要从单个的员工个体上明确晋升步调，从而让员工在合适的时机得到应有的晋升，既不早也不晚。

案例陈述

秦某是某成长型公司的总经理，最近他一想到职员小周心里就犯堵。小周是该公司的老员工了，平时勤恳敬业，工作业绩也很好。但最近两年的薪水涨幅却不大，与小周同时进入公司同事、甚至他一手带起来的新人都成为了某些业务分支的负责人，可他还在原来的岗位上"原地踏步"。由此，小周萌生了离开公司另谋出路的想法。

作为公司的总经理，秦总心里是矛盾的。小周确实是一个业绩出色的业务员，但业务虽精，公司却总觉得他只是一个出色的兵；负责的领域虽稳固，但却没能开疆扩土，所以公司没法尝试让他做经理式的负责人。

上述案例充分说明，公司如果不能较好地掌握员工的晋升步调，可能失去人才。那么，作为公司方，怎样才能把握员工晋升步调呢？

（1）按照岗位价值的生命周期确定员工的晋升时机。对于员工来说，某一岗位的价值是有生命周期的，而这一生命周期是有尽头的，走到生命周期的尽头时，要么换岗，要么换人。公司在把握员工的晋升步调时，要以岗位价值的生命周期为首要依据。有能力的员工在岗位价值的生命周期走到尽头时应得到晋升，没有能力的员工在岗位价值的生命周期走到尽头时应离开。

（2）以员工的实际能力为参考，调整岗位价值的生命周期。有些员工在实际工作中，能力不断增强，其岗位价值的生命周期可能会随之变短，公司需要灵活地根据变短周期对员工予以晋升。还有一些员工，只是在岗位上安分守己地工作，没有任何创新或提高，其岗位价值的生命周期可能会延长，此时公司需要根据实际周期对员工予以提升。因此，员工的晋升步调不是一成不变的，而要在员工的发展过程中进行适当的调整。

（3）能力强弱决定员工晋升步调的快慢。公司对于能力强的员工可以适当加快晋升步调，让员工感受到公司对自己的重视，从而激励这些人才继续为公司效力。而对能力弱的员工，公司需要适当减缓晋升步调，防止硬拉着员工往前跑，造成急功近利的不利局面。另外，员工的晋升步调不能相差太远，避免员工之间因为嫉妒而产生隔阂和不满情绪，影响公司的良好工作氛围、甚至发展速度。

能力相当的员工，晋升先后的选择

人都有自私和虚荣的一面，特别是与别人做比较的时候。而对于能力相当的员工来说，晋升的先后顺序都会影响员工的工作积极性和对公司的看法，进而影响员工的去留抉择。

案例陈述

小吴和小郑是某贸易公司同一次录取的员工，在进公司的半年时间里，两人的表现和能力被公司认定为同一水平。平时公司对两人的工作成绩要求也都差不多，两人的进步速度也是惊人地相似。

但问题来了，公司为了给予两人相应的激励，决定晋升两人的岗位。但两人在同一部门，要晋升的岗位却只有一个位置。若先晋升其中一人，另一人只有延后晋升，可能导致后晋升员工心里的不平衡，进而影响其工作的积极性。于是，公司在考虑再三后决定，将两人晋升到

不同部门的同等级岗位上，达到岗位公平和时间公平的
效果。但产生的问题是，其中一人需要重新适应新部门
的工作，这样加大了该员工的工作难度。

像上述案例一样的情况是很多公司都会遇到的，而要做出最优的
晋升安排并不容易。相同能力的人往往希望获得同等晋升机会和岗位，
那么，公司此时应该怎样计划晋升的先后顺序呢？

（1）以进入公司先后顺序为依据决定晋升顺序。公司中存在很多
后来居上的逆袭实例，后进入公司的员工通过自己的努力，与老员工
的能力相当。此时公司可以对先进公司的员工实施晋升，避免生命周
期走到尽头没有得到晋升而丢失人才。而后再晋升后进入公司的同等
能力的员工，给予其工作发展的希望。

（2）先晋升先达到某一能力的某一程度的员工。以达到某一能力
的某种程度的先后顺序来决定晋升的顺序是更加公平的做法，充分表
现了能力者居之的理念，也不易引起员工的不满情绪。而且，虽然能
力相当，但员工达到能力的某种程度的时间不同，也从另一个方面证
明了员工能力水平的不同。

（3）发展步调一致的员工进行同时晋升。发展步调一致是指能力相
当的员工同时进入公司，同时达到某一能力的某种程度。对于这种情
况下的员工，公司若还实施先后顺序晋升决策，或多或少都会引起不安，
最好能同时晋升，若其中一人在原岗位，则其职位可以适当比换了新
部门的员工低一些，从而平衡另外员工适应新环境的内心不平衡感。
如果能力相当的员工都在新部门得到了晋升，则职位的高低应该不相
上下，避免因为能力相当而晋升职位有高有低的不公平现象发生。

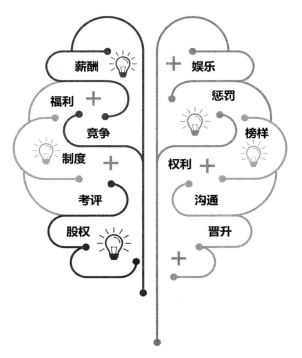

第7章
情感激励可攻心，为员工卸下包袱

"人情"是最不好偿还的东西，也是最能牵动人心的有利"绳索"。而"人情味"也是个人、团体或公司等生存延续的调味剂和催化剂。情感的力量可以攻心。以情动人的效果是人们难以预估和想象的，公司可从情感激励着手，促使员工更加努力地为公司效力。

NO.057
"家庭式"情感激励，让员工羞于懈怠

目前，国内很多创业型公司都乐于实行"家庭式"的经营方式，传播"家人"文化，给公司的员工灌输一种"同事就是亲人"的观念，大家互帮互助是应该的。亲情是这世上最难割舍的情感，公司采取"家庭式"情感激励，很容易戳中员工的"要害"，上演"攻心计"。

案例陈述

四川某公司董事长郝先生，对员工的要求十分严格，下属们都十分敬畏他；但私下里，郝先生对下属的关心又犹如一位充满慈爱的父亲。有一次，郝先生听到员工在抱怨："我们宿舍里有老鼠，害得我们都睡不好觉"。于是，郝先生请了专门的灭鼠人员到员工的住处灭鼠。

郝先生喜欢让员工把自己的同事当成亲人对待，还在很多节假日时规定员工要先和公司的同事一起过完节才回家与自己的家人过节。这一做法引起很多员工的不满，"家庭式"情感激励表现出前所未有的负面影响。

公司管理者能够参透"家庭式"情感激励会给员工带来的激励作用是很好的，但过度的"家庭式"情感激励会让员工反感，甚至出现本末倒置的情况，使员工忽略了真正的亲人。所以，公司实行"家庭式"情感激励，需要注重分寸，将程度拿捏得当。

（1）"家庭式"情感激励不能忘本。公司实行"家庭式"情感激励只是一种对员工的激励形式，不能作为约束员工行为的"枷锁"。给员工创造"家庭式"工作环境，不能勉强员工像对待真正的家人一样对待同事，甚至将同事视为比亲人还亲的人。只有适度的"家庭式"情感激励才能发挥真正的积极效用。

（2）"家庭式"情感激励注重底线要求。"家庭式"情感激励的目的是让员工们好好相处，不勾心斗角，互帮互助提高工作效率。只要员工因为实施了"家庭式"情感激励而达到以上标准，那么这一方式的情感激励就是有效的。至于再深层次的"家庭式"情感激励就不能强硬地勉强员工执行。

（3）"家庭式"情感激励给员工吃了"哑巴亏"。公司要以"家人"的态度对待员工，让员工感受到"家人"一般的待遇，再想拒绝公司的合作邀约就很困难。对于有离开公司想法的老员工来说，这一方式无疑是让老员工"吃了哑巴亏"，要走又不好意思走。

公司领导者让员工感受到家庭般的关心，是多数企业经营者公认的经验。领导者不要把获取民心简单地理解为收买人心，获取民心的前提是坦诚，只有付出真心才能得到真心。

NO.058
消除员工内心的不安更能抓住员工的心

有心的管理者会留心员工细微的情绪变化，当员工情绪欠佳时，管理者可尝试去接近这样的员工，和他们认真地谈心，消除员工的不安心理，用贴心的安慰使他们暂时远离工作和生活上的烦恼。员工一旦从不安的情绪中走出来，对公司或管理者的感激之情是显而易见的。

为了提前防止员工可能出现的不安情绪，公司需要事先了解员工可能出现内心不安的情况，见表 7-1。

表 7-1　可能造成员工内心不安的情况

情况	具体分析
工作中遇到麻烦	当员工的工作进行得不顺利时，很容易感到失落和烦躁不安，怕完不成工作。此时如果公司及时发现并给予员工一定的宽限期，等到员工完成工作时会深刻记得公司的人性化管理
公司裁员	当公司发布要裁员的消息时，很多员工都会不安，害怕自己下岗。此时公司可以公开说明，只对工作表现不好、工作态度散漫和工作不认真的员工进行裁员，稳定其他不会被裁员的员工情绪，让这些员工安下心认真工作

续表

情况	具体分析
竞争晋升岗位	公司中，同一个职位的位置是有限的，所以员工之间的晋升存在竞争。竞争中员工或多或少都会感到不安，公司若在此时给予员工一定的肯定，员工信心增强，甚至消除内心的不安，则一旦员工竞争成功，就会由衷感激公司给予的鼓励
受到批评	当员工受到上级领导批评时，大都会情绪低落，甚至一些人会产生逆反和不满情绪。公司要及时安抚好员工，消除员工内心的不安和不满情绪，让员工把批评化为工作的动力
员工家人出事	员工的家人生病或者出了事故时，员工内心会极度不安，没有办法正常工作。公司要想办法替员工照顾好他们的家人，解决员工的后顾之忧，消除内心的不安，促使员工能静下心认真工作

　　除了表中所列的一些会引起员工内心不安的情况外，工作中还有很多会造成员工内心不安的情况和因素，公司需要在长期的经营管理过程中慢慢发掘，总结经验教训，实施能解决员工内心不安的措施。那么公司具体可以采取哪些措施来减缓、消除或转移员工内心的不安情绪呢？

　　（1）给员工安排一些具有挑战性或有乐趣的工作。这一方法可以让员工暂时忘掉内心的不安，将注意力转移到新任务中。

　　（2）体谅下属，有限度地容忍。公司需要视情况而定，对员工进行一定程度的容忍，减缓员工内心的不安情绪。比如，某下属近日魂不守舍，在工作中接连出错，但每天仍然坚持准时上下班，也没有装病请假。作为管理者，不应该不分青红皂白地批评，而应该了解清楚员工魂不守舍的原因，并积极帮助员工解决问题。但如果经常在工作中发脾气，或经常迟到甚至借故不上班等，公司需要进行正确的引导，帮助员工改善脾气。

（3）表情管理，时刻给员工正能量。有些员工的不安来自于对领导的敬畏之情，如果领导者经常将笑容挂在嘴边，给员工一种容易亲近的感觉，可以有效缓解员工的不安情绪。

（4）解决员工的不安情绪不分公私。员工在工作中产生的不安情绪，可能是由于公事，也可能是因为私事。公司要想解决好员工的不安情绪问题，就要不分公私地替员工解决问题。对于私事，公司还应该严守员工的秘密。

（5）为员工提供散心的机会。有些员工的不安是因为长时间处于高强度的工作中，精神极度紧绷。此时公司要在确定的这种引发不安情绪的因素后给员工提供散心的机会，比如放两三天假，或者组织员工出游等。

（6）适当关心员工家庭情况。员工的家庭是其生存的支撑力量，如果员工的家庭不能正常生活，则很容易成为员工的包袱，影响员工在工作中的积极性。公司要适当了解员工的家庭情况，帮助员工解决家庭困难，使家庭不再是员工发展道路上的包袱，而是员工前进的动力。

（7）经常与员工谈话沟通。这一做法是保证公司能及时了解到员工的近期工作状况和情感状况，进而针对特殊情况做出合理的应对措施，帮助员工解决内心的不安，将注意力尽可能多地集中到工作中。

NO.059
及时肯定情绪低落的员工取得的成绩

只要是人，难免会有情绪低落的时候，员工在工作中表现出情绪低落的情形屡见不鲜。当员工陷入这样的情况时，很难在短时间内恢复到正常工作状态。此时，作为企业管理者，及时肯定这些员工为公司做出的成绩，相当于为其注射了强心剂，使他们感受到公司的鼓励和认可，从而快速地从失落的情绪中走出来。

案例陈述

某家具生产企业最近接到了一份重要的订单，生产部门的经理将生产监督工作交给了小王，让小王负责家具的质量和数量监控。一天小王外出办事，生产线上没了监督人员，而小王又很相信自己的组员，于是在回到厂里后没有按常规检查当天生产的产品。最后在交货前一天清查货物的时候发现产品质量不达标，于是小王又组织相关生产员工连夜返工。小王的心情也因此事受到一定的影响。

作为公司管理者要明白，员工把工作干砸了，其内心的沮丧情绪是可想而知的。此时管理者切不可在员工受伤的心上再撒把盐，任何指责都会是无济于事的徒劳之举，严重时还会进一步打击员工的工作积极性和信心。

所以，企业管理者在员工情绪低落的时候，不但不能责备员工，反而应该想方设法燃起员工的工作激情和对自身能力的肯定及信心。一个比较高妙的做法就是，给情绪低落的员工或丧失信心的员工安排"重要工作"，以期员工在尝到完成重要任务后的成就感重新拾回信心和摆脱低落情绪。对情绪低落的员工，公司可以从以下几点出发，肯定员工为公司做出的成绩。

◆ **肯定员工工作态度带给公司的业绩提升**：很多时候，公司业绩的高低取决于员工的工作态度，工作态度好，工作效率就高，业绩提升可能性就大。公司肯定工作失误员工的工作态度，不但帮助员工重拾信心，还能鼓励员工继续保持当前良好的工作态度，对日后的工作有促进作用。

◆ **肯定员工以往工作绩效**：一般员工不可能一直处于把事情搞砸的状态，有些员工也创造过高绩效，公司肯定情绪低落员工以往的好绩效，帮助员工建立应有的信心，促其走出情绪低谷。

◆ **指出员工潜在的能力**：有些新员工在刚进入公司时，对公司相关事务不清楚，工作不顺利，导致情绪低落。此时作为公司的管理者，要向这些员工指出他们的优点和潜在的才能，同时明确这些才能可以用在哪些工作中，帮助员工找到工作目标，建立信心，摆脱对工作内容和环境不适应而产生的低落情绪。

NO.060
不失时机地向虚荣心强的人请教

在一个企业当中不乏有一些虚荣心强的员工，这些员工特别想得到别人的认可、称赞和尊重。因此，作为公司的管理者，如果想有效地调动这些员工的工作积极性，首先要做的就是对他们表示足够的尊重，其次是要表示认可并进行恰到好处的称赞。而另一种更有效的激励措施是向这些虚荣心强的员工请教他们擅长的工作或知识。

案例陈述

小张是一名来自成都某大学的营销专业学生，其自尊心和虚荣心很强是很多同学都知道的事实。2016 年暑假时，小张在学校附近的一家沃尔玛的配送中心工作。在其工作期间，对怎样填写订单向主管提出了一个便于工作更有效的方法，沃尔玛公司不仅采用了他的建议，还经常向小张请教营销方面的问题。这一做法让小张切实感受到了自己在岗位上举足轻重的地位，工作状态越来越好，绩效也越来越高，还在之后的工作中不断探索更多可以提高工作效率、减少成本和增加利润的方法。

很多人在读书期间都曾有过这样的体验：别的同学遇到不懂的问题时来找自己解决，而自己最后也确实帮助同学解答了问题，此时自己的内心会是欣喜的，可以说处于成就感爆棚的状态。于是自己会更加有兴趣钻研该问题，以期获得更多或更简单的解决办法。这样，自己的能力也会随之提高，真正受到了有效的学习激励。

工作中也是一样。企业管理者怎样通过向虚荣心强的人请教问题来达到激励这些员工的目的呢？

（1）要了解这些员工的特长。只有准确清楚地知道这些虚荣心强的员工的特长，才能在向其请教时使其获得解决问题的成就感；否则，如果请教了这些员工不熟悉的工作内容或领域，反而会打击和伤害他们的自尊心。

（2）掌握请教的频率和方法。有些管理者为了表达尊重而盲目地向员工请教，明显给人一种作秀的感觉，被请教的员工也因此感受不到管理者的诚意，达不到激励的目的。而且有些管理者一遇到问题就请教这些员工，更会给人一种没有能力、没有主见的感受。所以，企业管理者可以偶尔向这些员工请教。另外，要选择员工擅长工作中稍有难度的问题向其请教。

（3）要诚心感谢这些员工的解答。虚荣心强的人在被请教时，可能会感到荣幸，而真正让其感受到成就感的是请教之人的由衷感谢，这一步骤对于通过"请教"这一方法激励员工来说是必不可少的。

NO.061
运用"打一巴掌再给一甜枣儿"的激励法

简单来讲，"打一巴掌再给一甜枣儿"的激励法就是所谓的恩威并施。企业管理者向员工施威、批评或责罚，使员工惊醒于自己的错误，等到员工的愧疚心平复以后又要给其一些恰当的甜头，引导员工向正确的方向发展。

从另一种思维角度来看，"打一巴掌"如同"火攻"，"给一甜枣儿"视作"水疗"，水火并进，双管齐下。管理者施威以后，给员工一段时间检讨自己的行为，然后管理者就要开始"攻心"计划了，诚恳地表扬这些员工的特长和其他优秀的方面，让其感受到公司的器重。那么，作为公司管理者，要如何实施"打一巴掌"呢？

（1）"巴掌"落在谁身上有讲究。管理者的"火攻"发威一般对众人而发，但对个人而言又有不同的做法。对下属中属于"千里马"的员工不能重鞭，防止"马"要性子；对好胜心特别强且能力较强的员工也不能用威风压制他们，防止适得其反，激起员工内心的不满情绪。

（2）"巴掌"的轻重也要掌握好。古语有云："过犹不及，事缓则圆"。有的员工是对高压免疫的，甚至压力越大，其工作效率越低。所以企业管理者在"打巴掌"的时候要针对不同的人使用不同的力度，因人而异才能凸显"巴掌"的成效。

（3）隔空"巴掌"的威力不容小觑。企业管理者可以明着向其他无关的人适当施威，同时强调某员工的表现特别出色，这样就会使某员工以"士为知己者死"的态度来回报管理者和公司。

"巴掌"倒是打了，但为了避免造成员工的消极情绪，企业管理者还要及时给予员工甜头，安抚员工的情绪。

（1）"甜枣儿"的给予时间要控制好。对于企业管理者来说，给"甜枣儿"的时间如果过早，很可能造成员工还没有真正意识到自己的错误就又因为"甜枣儿"而肆无忌惮起来；而如果"甜枣儿"给的时间太晚，很可能让员工以为自己真的犯下了不可饶恕的错误，从而失去对工作的信心。企业管理者要根据实际情况，尽量在适当时机给甜头。

（2）"甜枣儿"的甜度要合适。管理者如果对施了威的员工给予了甜度不够的"甜枣儿"，不但不能起到安抚的作用，甚至还会给员工一种假仁假义的感受；而如果"甜枣儿"太甜，很可能让员工轻易地忘记之前犯过的错误。

（3）"甜枣儿"不是人人都要给。作为企业的管理者需要明白，不是每一次施威以后都需要给予一定的好处来安抚员工，因为如果将这一安抚措施固化，那么施威的效果就会减弱。管理者可以对施威程度高（责罚严重）的情况或员工给予甜头，而对施威程度一般（轻微批评）的情况或员工不给予甜头。

有的时候，管理者只需通过权威型的中间人将管理者的意图代为转述，来达到"水疗"的目的，稳定大众员工的心理，而不必亲自出面。"水疗"的目的是让员工感受到公司管理者并不是冷酷无情的，如果好好干，自己也有升值加薪的机会的。

真正善于统率的管理者，会在"打一巴掌再给一甜枣儿"的激励方法中让员工感受到，公司是对自己的前途有信心才会施威责骂、恨铁不成钢，让员工感受到公司对自己的良苦用心，这样一来就能起到更大的激励效果。

总而言之，人情融入制度会让员工感受到温暖，不仅让员工知道知错能改的重要性，还能让员工感受到改正错误带来的好处，同时意识到"改"与"知"的同等重要性。

有些公司和管理者为了防止施威于员工造成员工流失，就会尽量避免对员工的错误做出直接的指正或批评，其实这么做并不好。因为制度是一个企业发展的根本，不能轻易被挑战，规矩一旦破了，再想用来约束员工的行为就会显得很牵强。所以，为了不挑战企业的制度，同时防止过度施压导致员工流失，企业就可以采取"打一巴掌再给一甜枣儿"的激励法，既能遵循制度对员工的行为进行约束，又能防止伤害员工的自尊心而导致员工离职的不利情况出现。

NO.062

学会给员工"戴高帽"

其实很多人都清楚，"戴高帽"原本就是一个贬义词，但有时"戴高帽"可以发挥激励作用，这其中需要企业管理者掌握给员工戴高帽的技巧。

案例陈述

古时候有一位即将到外地赴任做官的学生，在临行前的晚上，学生回到私塾拜访自己的先生，并告知先生自己马上要到外地去做官了。而先生则叮嘱学生，到外地做官不容易，一定要小心谨慎。学生这样回答老师："先生，没关系，我已经准备好了无数顶高帽，见人就送，做官应该也就不难了！"

先生听后十分严肃地对学生说："做官要清廉正直，怎么能阿谀奉承，吹牛拍马呢！"学生赶紧应到："先生说得是，要是天下人都像先生这样不喜欢被人戴高帽，那该有多好啊！"先生一听，夸赞学生说得很有道理。后来学生在和别人讲起这件事情时，诚实地说到，其实临行前的那天晚上，自己准备的高帽就已经少了一项了。

人人都喜欢被赞美，喜欢听好话，喜欢被人"戴高帽"，其实说穿了，这也是人性弱点之一。对于企业管理者来说，如何为员工戴好高帽呢？

（1）恭维的话要坦诚得体，必须说中对方的长处。除了真诚，另外一个赞美的原则就是"具体化"，比如赞美某一员工的能力很强，那么是哪方面的能力强？强到什么程度？一个人受到别人的夸赞时绝不会感到厌烦，但如果说得太离谱，被夸赞的人就会明显感觉到其中的虚情假意。

（2）戴高帽的时机要把握好。在员工处于舆论中心时，如果再给其戴高帽，无疑使其成为公司同事的众矢之的，不但不能激励员工努力工作，反而会激起员工的厌恶和不满。企业管理者一般可以在员工工作激情减退、情绪低落或者对手中工作没有信心做好的时候为其戴高帽，激发员工的工作热情，重新建立员工对工作的信心。

（3）暗地里戴高帽效果更好。有过被称赞经历的人可能都知道，当接受一个人当面的称赞时，自己确实会很高兴，但难免会怀疑别人的称赞是否是真心。而如果听到有人背后称赞自己，被称赞的人都会潜意识地认为该称赞是出自真心，因为称赞的人都不在意被称赞的人是否能听到，自己觉得被称赞的人好，所以才称赞。

（4）戴高帽时的人物对象也有讲究。对于新员工来说，戴高帽的对象可以是员工的工作态度和工作质量等；而对老员工来说，戴高帽的对象可以是工作态度、工作效率、工作能力以及过去的成就等，并且最好指出具体的工作能力是什么，程度如何，以往的成就给公司造成了怎样好的影响等。

（5）学会无形中给员工戴高帽。就如同上述案例中的学生一样，表面上好像是在认可先生的教诲，但实际上认可先生的教诲就是在给先生戴高帽。由此看来，给员工戴高帽也并不是很困难，可以通过否定员工 1 的缺点来肯定员工 2"没有这一缺点"是值得被夸奖的。

（6）有些员工不适合被戴高帽。公司管理者在利用戴高帽这一激励方法时要明确，不是所有员工都适合管理者为其戴高帽，比如自负而没有多大能力的员工，若是再被戴高帽，激励其认真努力工作的可能性很小，相反助长其自负的可能性会更大。对好胜心强的员工也不适合戴高帽，因为可能使其骄傲自满、故步自封而停滞不前。

（7）戴高帽不宜太过明目张胆。善妒是人性的一个显著特点，总是对别人有的而自己没有的品德或优势感到心有不甘，很容易产生嫉妒情绪。工作中也是一样，当某一员工被公司管理者大张旗鼓地戴了一顶高帽后，其他有些员工会因为自身能力的缺乏和潜在的自卑心理，对被戴高帽的员工产生嫉妒之情，这样就不利于员工之间的和睦相处，也不利于公司的和谐发展。

（8）戴高帽也不能太过低调。企业管理者之所以给员工戴高帽，就是要以明显的表扬给予员工工作上的肯定，进而激励员工更加努力工作，如果一味地在暗地里为员工戴高帽，则不能称之为戴"高"帽。

NO.063

向员工认错，是大度更是激励

在实际工作中，常常会遇到上级领导者或管理者在给下级下发任务时，由于下发任务出现错误，导致下级员工工作的结果不理想。那么此时，公司的管理者可能有两个大方向的做法，一是忽略自己的责任，强调员工的错误；二是找到自身的错误，对员工表达歉意和工作结果的理解，然后鼓励员工按照正确的标准再到岗位上工作。

正所谓"成大事者不拘小节"，企业管理者如果做错了事，要勇于承担后果，对给员工造成影响甚至伤害的事更要诚恳地向员工道歉认错。这不仅不会使管理者掉价，还会显得管理者大度，让员工真正信服管理者，达到激励员工为公司效力的目的。

案例陈述

秦先生是一家玩具生产公司的业务经理，最近手下的主管向其报备了订单情况，其中有一笔玩具数量为

10 000套的大订单，秦先生为了在该笔订单的负责人面前为公司争取好印象，于是让主管给生产部送去订单，并谎称该笔订单必须在4天之内完成。生产部的人不得不停下手中的活儿，转而生产10 000套玩具的订单。

最终，秦先生在该笔订单负责人面前获得了很大的褒奖，但由于中途暂停了原来订单的生产，导致原订单不能及时交货，公司赔偿了一定的违约金。公司后来经过调查，发现了秦先生的错误，秦先生却以想为公司争取好名声为由推卸责任。在经过多番交涉下，秦先生才不得不向生产部门道歉，同时向公司管理层承认错误。但为时已晚，秦先生在员工和其他管理者心目中的形象已毁，他的道歉也被很多人说成了心不甘情不愿。

从上述案例中我们会产生这样的疑问，企业管理者要如何认错才能做到不卑不亢、不失威信呢？

◆ **认错要及时**：认错及时不代表错误一产生就忙着认错，也不能在几番纠结后才认错，而是在错误明朗化后主动认错，承担应担的责任，做到不过分揽责、不推卸责任。

◆ **认错要诚恳**：以诚恳的态度向员工认错，收获员工的好感，不但不会降低威信，反而能收获员工的敬仰之情。

◆ **大庭广众下认错效果极好**：企业管理者在公司内部大庭广众下认错，可以让很多人都感受到管理者认错的诚意，而且更能以一个管理者的身份向员工道歉，在大家的见证下更能突显认错的庄重性，因而使得管理者不失威信。

◆ **承诺以后不再犯类似错误并邀请员工监督**：有时认错还不能达到激励员工的效果，需要管理者承诺以后不再犯错。

NO.064
运用非正式沟通方式激励员工

非正式沟通是指一种通过于正式规章制度和正式组织程序以外的其他各种渠道进行的沟通。一般以办公室人员之间的沟通为基础，通过各种各样的社会交往而产生。

非正式沟通是未经计划的沟通方式，比如非正式的会议、闲聊、走动式交谈以及吃饭时进行的交谈等。非正式沟通的好处是形式多样且灵活，不需要刻意准备，沟通及时，一般采取"打感情牌"的套路，容易拉近管理者和员工之间的距离。

管理者在进行非正式沟通激励员工时，可参照以下一些技巧来提高非正式沟通的激励成功率。

（1）以询问替代命令。对下属不能用命令的方式督促其工作，而要用询问的方式关心员工的工作。管理者命令一个人做某件事是容易的，但接受命令的人是否愿意做好某件事却是不确定的。当管理者以询问的方式对待下属时，既可以了解下属内心的真实想法，又可以让下属在心情愉悦的情况下进入工作状态。

（2）态度要平等。通常情况下，人们在与自己同等级或同层次的人讲话时，行为举止会更加自然大方；在与比自己地位高的人交谈时很容易紧张，表现拘谨，且自卑感增强；在与比自己地位低的人交谈时会格外自信，甚至放肆。所以管理者要把控好交谈的态度，平等的态度可以通过语气、语调、语速、表情和动作等细节体现出来。

（3）避免无聊空谈。非正式沟通激励员工的目的是要使员工在沟通后更加积极认真地工作，因此谈话的重点还是要围绕工作内容展开。要让员工察觉管理者是一个有思想有观点的人，而不是一个糊涂虫。空谈不仅不能起到激励员工的作用，反而会使员工觉得管理者是一个没事找事的主儿，总是把精力花在不重要的事情上，从而会影响管理者在员工心中的形象，甚至让员工对管理者的能力产生质疑。

（4）谈话过程轻松愉悦。任何人都喜欢在一个让人感到愉悦的氛围或环境中畅所欲言，若氛围压抑甚至严肃，身临其中的谈话方会感到沉闷，不愿意真实表达自己的想法，管理者也就不能确切了解到员工的真实情况。而且，谈话轻松愉悦，可以促进谈话顺利进行，提高谈话效率。另外，管理者要牢记，在进行任何谈话的过程中，切不可说到触怒员工的话题上，因为有些听管理者讲话的员工会从谈话语言中窥测管理者的个性，同时还会留意管理者日后会不会有与谈话内容相悖的行为或承诺，从而以管理者不负责任为由，为自己的错误找到推卸责任的借口。

事先承诺，给员工吃"定心丸"

很多员工对工作的激情逐渐减退，一个主要的原因就是工资的未知性。卖力地工作可能无法收获理想的工资，因此员工就会在工作中有所懈怠。鉴于此，企业管理者可在员工进行特殊或重要任务之前，事先承诺给员工明确的好处或奖励，让员工对为工作付出后可以获得的回报心里有数，从而坚定不移地卖力工作。

案例陈述

小钱是一位在电子科技方面有很强能力和丰富经验的工作者，经常有公司想要"挖角"。小钱所在的公司为了留住人才，向小钱承诺了很高的工资待遇。这还不算什么，公司放出"杀手锏"，承诺小钱即使公司倒闭，也会事先为小钱找好出路，并且双方还就此签订了合法协议。于是小钱打定主意在公司待下去，因为不愁工资满足不了生活需求的同时，还不愁公司倒闭后的发展出路。

从上述案例中可以了解到，公司管理者对员工做出承诺来激励员工时，不仅可以从金钱角度出发，还可以从员工日后的工作保障出发，为员工解决后顾之忧，这些激励方法的效果将会是显著的。那么，除了案例中的承诺可以激励员工外，企业管理者还可以从哪些方面入手让员工如同吃了定心丸一样死心塌地为公司呢？

（1）承诺以后的晋升途径。企业管理者要从员工进入公司开始就留意员工的特长和能力，为员工提供一条合适的晋升途径，并在合适的时候向员工说明，主动承诺晋升途径对员工的激励效果更好。

（2）承诺工资的涨幅区间。有的员工不在乎职位的高低，只要工资能够不断上涨，进而提高生活质量就好。因此，企业管理者可以从工资角度出发向员工承诺工资的涨幅区间，给员工明确的"盼头"，让员工坚定地待在公司努力工作。

（3）承诺退休后的福利保障。现在很多社会人士都比较注重自己退休后的养老问题，因此，退休后的生活保障会是员工考虑当前工作的一个重要因素。企业管理者可以在与员工签订劳动合同时就告知员工本公司在员工退休后有哪些福利待遇，或者在员工有离开公司的迹象时再向员工说明。以养老保障吸引员工，获得员工对企业的忠诚，进而激励员工努力为公司做事。

（4）承诺工作环境和工作原则等。有些员工本身比较正直，不想被乌烟瘴气的职场淹没，此时企业管理者需要事先向这类员工承诺，为其提供一个公平竞争和良好的工作环境，不会有强迫员工做不愿意做或不应该做的事情，让员工对公司文化感到敬佩，进而更加努力工作。

NO.066
让员工发泄不满的牢骚激励法

人如果将消极情绪压抑着，或者把想说的话闷在心里，那么长时间下来，人就会出问题。企业员工也是如此，如果长时间将想要表达却无从说起的话埋在心里，时间长了，不仅影响员工的工作状态，严重时还会促使员工产生离职的想法。

作为企业的管理者，要懂得让员工把内心的想法和不满发泄出来，使其保持一个心甘情愿的工作状态，从而激励员工继续认真工作。那么，管理者要如何运用牢骚激励法呢？

首先要了解员工不满的原因

根据大多数企业来说，可能造成员工内心不满的原因有如下几点。

◆ 工作环境不好或者同事相处氛围不融洽等。

◆ 管理者的经营方式和素质。

◆ 员工得不到公司的重视。

◆ 被公司误解，不被公司或管理者信任。

◆ 自身能力得不到有效的发挥，做事总是绑手绑脚。

◆ 薪酬发放不合理，没有达到按劳分配的效果。

◆ 其他外界环境等客观原因。

不同的公司有着不同的原因可能导致员工产生不满情绪，上述的内容只是比较常见的一些缘由。

如何让员工发泄心中的不满

企业光是了解员工不满的原因还不够，还应采取具体的措施帮助员工发泄内心的不满，从而让员工有一个稳定的工作心态。

（1）谈话沟通。最直接了解员工内心不满的方式就是找员工谈话沟通，让员工说出自己内心的不满，进而发泄不满情绪。

（2）组织员工户外活动。通过户外活动的方式，让员工放松心情，在活动过程中促使员工将内心不满或牢骚发泄出来。

（3）开展员工牢骚发泄会。部门可以自主召开非正式的会议——牢骚发泄会，会议上让员工畅所欲言，说出自己对公司、管理者或者制度等的不满。会议中要安排一两个记录员，记录会议上没有发言或极少发言的员工，私下对这些员工进行谈话，因为这些员工的不满很可能是因为同事关系或其他私人原因，在牢骚发泄会上不方便说。

（4）设置员工投诉通道。员工通过投诉通道表达自己内心的不满，既可以匿名，也能通过投诉的方式发泄心中的牢骚和不满，更能为公司找出害群之马。

NO.067
在适当的时候为员工家庭捎去一份关心

对于现代人来说，人生最大的两件事就是家庭和事业。工作固然重要，但家庭对一个人来说却是最重要的。所以，公司在运用情感激励的过程中，可以把员工的"后院"作为"攻心"的切入点，适当关心员工的家庭。

案例陈述

某公司在行业发展中快速发展，其中少不了员工们的不懈努力。是什么原因让员工如此死心塌地为公司效力呢？原来该公司不但重视员工的发展和福利，还定期给员工的家人送去关心。比如在员工的父母生日时捎去一份实在的礼物，在春节时为员工家庭捎去真诚的祝福等。这些并不重大的举动却是感动员工的关键原因，让员工感受到公司的诚意、对员工真正的关心以及对员工家庭的照顾，由此使员工无后顾之忧。

公司为员工的家庭捎去关心也要注意度，不能过于频繁，否则公司的经营成本可能会严重超出预算，让公司得不偿失。那么公司应该选择哪些时机、哪些方法关心员工家庭呢？

（1）法定节假日。国内目前对传统节日的重视程度很高，从放假的时间就可以看出。而且传统节日是以喜庆和祭祖为目的。企业如果在这些时候给员工家庭捎去关心，不仅增添节日喜气，还可以适当表达对员工先祖的尊敬。

（2）员工家人生病时。员工家人生病时总会牵动员工的心，为了稳定员工的工作状态，同时也为了安抚员工的心情，公司可以在员工工作的时候代替员工去医院看望员工的家人，偶尔也可以顺便送点实用的补品。补品不需要太贵，否则会造成员工的心理负担，很可能导致情感激励弄巧成拙。

（3）关心的程度要适中。公司不能只在员工家人发生重大疾病或家庭出现重大变故时才表示关心，这很容易让员工误会成公司是出于同情才关心员工的家人；也不能在一些小日子，如周末等频繁关心员工家庭，这对公司来说是一种无法长期承受的经济开支和精神耗费。

（4）关心要准确。中国的传统节日也算是比较多的，不同的节日有不同的过法和讲究。公司在表达关心时一定要掌握不同节日的过法和禁忌，防止送错礼或者表错意，轻则双方很尴尬，重则触及别人的伤痛或禁忌，反而影响公司在员工家人心中的形象，为员工的离职埋下了伏笔。

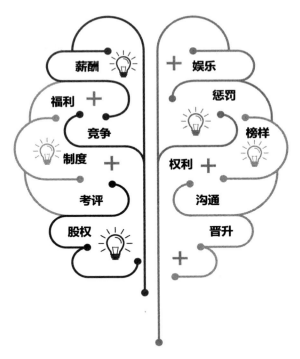

第8章

信任与夸奖激励，肯定员工的能力

人与人之间若有足够的信任，则办事效率会提高，双方感情也会加深。公司如果能对员工表达信任，同时对员工进行适当的夸奖，肯定其能力，则可以帮助员工建立工作信心，从而激励员工在工作上有更好的表现，为自己和公司创造更多价值。

NO.068
实施信任激励要先理顺关系

信任激励是一种基本激励方式，上下级之间的相互理解和信任是一种强大的精神力量，它有助于单位中人与人之间的和谐共振，有助于单位的团队精神和凝聚力的形成。那么公司对员工的信任表现在哪些方面呢？

◆ 平等待人，尊重下属的劳动、职权和意见。

◆ 用人不疑，疑人不用，放手任用员工。

◆ 为员工找到合适的发展方向，并大力培养员工的相关能力。

◆ 对部分员工充分授权，知人善任。

◆ 对员工正在进行的工作不过度监管、指导和干涉等。

古代，刘备"三顾茅庐"力请诸葛亮，显出一个"诚"字；魏征敢于犯颜耳谏，得益于唐太宗的一个"信"字，这都体现了对人才的充分信任。信任可以缩短员工与管理者之间的距离，使员工充分发挥主观能动性，使企业在发展过程中获得强大的原动力。但是，公司在实施信任激励之前，需要理顺如下关系。

（1）信任激励与制度的关系。很多人会说，公司制度的存在就是一种对员工不信任的表现。这种说法有失偏颇。"制度"更本质的东西是"指引"而不是"约束"。"制度"和"信任"是一个人做好一件事必须具备的两个先决条件，前者给人指引，后者给人动力。制度给人的指引作用越强，个体及社会之间的信任度越高。一般来说，制度观念越强的个人越值得信任。所以公司要把制度作为信任激励的基础和支撑。

（2）信任与监督的矛盾。信任不能放任，授权不能放权，必要的监督措施是维护信任激励有效实施的保障。公司需要强化和维护信任与监督的共融性和制衡性。比如，对于高空表演的杂技演员，如果把那根挂绳看成是不信任演员的实力而系在演员身上，就会影响演员的发挥；如果看成是一种保护措施，则会解除演员的后顾之忧，使其发挥得更好。同样的道理，放手让一个人去做事，在做事的过程中及时给予提醒和指点，让人感觉到有后盾力量和保护措施，就会使人做得更好。所以，监督对信任来说，起的不是否定和牵制作用，而是推动、完善和保障作用。

（3）信任激励与发案（事情发生）的关系。正因为信任是一种预期，所以未达到预期也在情理之中。一般说来，信任激励是在基于了解的基础上实施的，产生的结果大多是积极、正面的；但很多时候我们往往在未达到预期，甚至出了事、发了案时听到"都是信任惹的祸""我太相信他了"等说法，我们要正确认识这类言论。信任作为一种人际要素和激励手段本身没有过错，之所以出现严重后果是因为公司没做这方面的预期，即使有这方面的预期，但在过程中缺少指引、提醒、督促和后续手段或补救措施，所以导致信任激励与发案产生了偏差。

NO.069
表达对落后员工的信任

在工作中表现落后的员工，其内心会感到慌张是必然的，毕竟是人都有一定的自尊心，害怕遭到别人的嫌弃，所以公司对落后员工的表示信任是很重要的。若对落后员工不闻不问，长此以往，就会失去对工作的信心，进而会影响工作的效率和质量。

案例陈述

小侯在一家广告公司做文案策划，但其大学的时候学的并不是策划专业，最初被公司录取也是因为领导看重了小侯的做事态度。因此，小侯在进入公司后的工作中，总是会比别人成长得慢一些，学东西的速度也比较慢。小侯也因此受到了不小的打击，在工作中总是给人一种自卑的感觉，对自己手头的工作没有信心做好。

公司的部门经理周女士发现了端倪，找到小侯谈话，鼓励小侯认真工作，不要气馁，文案策划本身对女孩子来说其实是很有优势的。周女士还及时肯定了小侯的优点，做事认真仔细，考虑问题比较全面，只是学习能力和办事速度稍微欠缺了点，只要不断努力，这些缺点都能克服，一定要有耐心，对自己充满信心。于是小侯在周女士的鼓励下重新振作，将更多精力投入到工作中，不久，小侯的工作效率有了明显提高。

公司针对落后员工，可以从哪些方面着手表示公司信任员工呢？具体可以参考下列做法。

◆ **对员工的人品表示信任**：对于公司来说，一个员工的工作能力固然重要，但员工的人品也同样重要。当工作上落后于其他同事时，公司需要从这些落后员工的人品出发表达对员工的信任，让员工找到努力工作的信心和动力。

◆ **对员工的发展潜力表示信任**：有些员工当前阶段表现出的工作成绩平庸，而实际上其发展潜力是有的。公司需要及时对落后员工表示相信其潜力在日后的工作中一定能激发出来，为员工展现一幅前景无限好的画面，鼓励员工现在要更努力的工作，为以后的发展做好充足的准备。

◆ **对员工其他方面的能力表示信任**：有些员工在现有岗位上的能力不明显，但其他方面的能力却显而易见。此时公司要将这些员工其他方面的能力作为激励的切入口，表达公司对员工其他方面能力的信任，让员工学会扬长避短。

◆ **在员工做事过程中，以鼓励表达信任**：公司在员工工作过程中给予必要的鼓励，通过鼓励表达公司的信任，相信员工能够把手头的工作做好，让员工坚持不懈并相信自己的能力。同时，公司应该帮助员工全面发展，综合能力要有所提高。

NO.070
让员工知道不追究过失是因为他能做得更好

金无足赤，人无完人，公司员工甚至管理者难免都会犯错。作为一名握有一定权力的上司，如何对待有过错的下属是很有学问讲究的。很多时候追究"是谁的过错"并不十分重要，重要的是想办法弥补因过错造成的损失。但需要注意的是，公司要让员工明白，不追究其过错是希望其能在以后的工作中吸取教训、积累经验，把工作做得更好。

案例陈述

四川某公司的一位高级主管，由于在工作中出现了严重失误，给公司造成了将近 1000 万元人民币的损失。为此，该主管内心非常自责和担心。第二天，董事长把该主管叫到办公室，通知他调任另一个同等重要的新职位。该主管很吃惊地问董事长："为什么没有把我开除，或者降我的职？"董事长半开玩笑地说："如果那样做的话，岂不是在你身上白花了 1000 万元的学费！"这出人意料的一句半玩笑话在该主管的心里成了最有力度的激励话，使其从心里产生了巨大的动力。

上述案例中的董事长，在说出那句半开玩笑话之前的初衷是，如果给那位主管继续工作的机会，那该主管的进取心和才智很可能超过未遭遇过挫折的常人。而后来这位主管也确实以惊人的毅力和智慧，为该公司做出了卓著的贡献。

由此看来，对员工所犯的错误合理地容忍，可以从侧面增加员工的羞愧感，从而更加有动力好好工作，以优异的成绩弥补之前犯下的错误。

从很多实际工作案例中我们可以发现，管理者在对员工表示不追究相应过失时，都会顺带强调员工过失的严重性和不追究员工责任的原因，软硬兼施，让员工既产生羞愧之情，又感谢公司对自己的宽容，从而提高员工对公司的好感，促使员工心甘情愿为公司做出更多贡献。

另外，作为员工，当他们在工作中出现过失时，其本身会自责懊恼，同时还会担心自己会不会失去公司的信任，而很多员工都清楚失去公司的信任带来的后果。所以此时，公司与其追究他们的责任，倒不如以安慰鼓励的话语安抚员工，这也是防止员工自暴自弃的有效方法。

有时员工的过失很小，未造成工作损失时，公司也不能不管不顾，也要及时向员工指出来，并且强调虽然过失很小，但必须要及时改正，以防发生大错。这样既可以让员工在意识到自己的错误，又不至于失去工作信心。

NO.071
向有潜力的员工分派重要的任务

公司对有潜力的员工应大力培养，给予足够的信任，并且通过信任激励将员工的潜力尽可能多地激发出来。因此，公司可以把比较重要的工作任务分派给有潜力的员工，给他们提供一个锻炼能力的机会。而公司在给这些员工派发重要任务时要注意潜力与任务的匹配。

（1）有较强的逻辑思维能力和想象力。要激发员工的这些能力，可以给员工派发文案制作、方案策划、产品设计和新品研发等工作，这些工作对逻辑思维能力和想象力的要求都比较高，而具有这些能力的员工可以在进行这些工作的过程中激发自己的潜力，从而提高自身的工作能力。

（2）学习和创新能力。学习能力强的员工，其适应工作环境的速度较快，可以在短时间内适应新环境。而创新能力较强的员工可以促进工作更有效地进行，甚至发掘工作中提高工作效率、减少经营成本及赚取更多利润的方法。所以，对学习能力和创新能力较强的人，公司可以派发新岗位实习，做财务和人事方面的工作等，以激发其内在潜力，很可能还会为财务工作和人事工作带来好的影响和突破。

（3）熟练的操作能力。公司对于拥有这类潜力的员工，可以安排与计算机相关的工作，比如公司网站维护、公司自主研发软件和设计内部通道等。

（4）坚韧的毅力。这类员工通常做事都有始有终，对工作很负责任。公司可以把需要投入大量精力的长期性工作交给这类员工，不仅可以通过工作考察员工真正的毅力，同时还能激发员工的这一良好潜力。

（5）人际交往和沟通能力。拥有这些能力的员工，通常在公司里的人缘很好，上到领导，下到同事，都能处好关系。公司可以给这些员工分派公关工作、销售任务以及大型合作商谈等重要工作，帮助公司拿下重要客户，为公司赢得可观的利润，同时还为公司建立广阔的人脉网，从客户到消费者，为公司以后的发展铺好道路。

（6）应变能力。应变能力较强的员工，在公司的发展速度一般较快，因为应变能力属于全能型能力。应变能力强，说明应对工作中变故的能力强，换个角度想，就是工作中很少会出现难倒员工的问题。公司可以给这样的员工安排各种工作。为了更好地激励员工，一般分派具有挑战性的工作，比如一些常人要在很努力的情况下才能达成的目标。

除了上述一些能力外，工作中还会涉及很多其他方面的能力，为了更有效地激励员工，激发其内在的潜力，最好能给员工安排与其潜力相符的工作内容，促使员工的潜力能够顺利被激发出来，进而调动员工的工作积极性，让员工对工作充满兴趣，自觉努力地工作。

NO.072

掌握技巧，"夸"出好员工

　　夸奖在某种程度上来说就是赞美，赞美也要注意技巧的掌握，否则夸奖很可能演变成阿谀奉承、吹牛拍马，甚至是故意讽刺。大多数情况，好员工都是夸出来的。

　　马克·吐温曾说过，一句得体的称赞，可以使他陶醉 2 个月。现实生活中，每个人内心都希望自己的努力被别人看见，自己的成绩被人肯定。如果管理者善于运用赞美来激励员工，也许仅仅只需一句话就可以赢得员工的心。

案例陈述

　　　　赵先生是一名文化工作者，从事的工作对创造力和创新性要求很高，一般这种工作都需要人静下心来好好钻研，但很多时候也需要实时的灵感。因此赵先生对别人提出的激励员工意见不以为然，认为大家从事的这项工作不是靠激励就能够促进员工工作效率的。

然而有一次，赵先生单独负责一个项目的文案策划，由于其工作中刚好遇到一个契机，激发了赵先生的灵感，因此他做出来的文案策划得到了领导的极大认可。为了表扬赵先生，他的领导送了一朵以报纸叠成的花给赵先生，并在报纸内部题写了一句很有激励作用的话"天才的养成，是 99% 的汗水加 1% 的灵感"，从而表达领导对赵先生能力的肯定。而且该领导的书法造诣在公司是出了名的，很多人都想向该领导请一幅字画。

看着赵先生拿着那朵花没有说话，只是向领导请示自己将回到岗位继续工作。领导以为自己的这一做法失败了，但还是想弄清楚赵先生如何处理这朵花。于是在赵先生刚回到位置上不久，领导就暗自观察赵先生的举动。让领导没有想到的是，他看见赵先生小心翼翼地拆开了那朵花，看着里面的毛笔字，暗暗地笑了。午间休息的时候，赵先生还向其他同事展示了领导题写的语句。

而且在这件事情发生以后，赵先生也学领导的做法，时不时地给其下属一些特别有创意的鼓励。整个工作团队处于一个特别和谐友爱的工作环境中，大家工作的积极性和效率都得到了明显的提高。

由上述案例可以看出，夸奖对员工的激励作用很大，但公司管理者需要掌握一定的技巧才能更好地做好"夸奖"工作。具体可参考以下内容。

（1）了解赞美的形式。赞美的形式有很多，比如人多的时候赞美、单独赞美或者利用他人传递赞美。形式多样化的赞美可有效增强赞美的效果。

（2）夸奖要及时、适度。这一技巧的实施前提是管理者必须对所有员工的优点和长处有较深刻的了解，然后才能对员工的行为进行及时、适度的赞美。

（3）威望越高的管理者，赞美效果越好。威望越高的管理者，其威信越高，说的话更让人信服，因此对人的赞美也会更有说服力，被赞美的员工也会感受到强烈的荣誉感，进而达到激励的目的。但这一技巧的实施前提是管理者要有较高的能力水平和素质水准。

（4）赞美最好不"提前"。管理者在一件工作结束之后，可以对这件工作的完成情况进行赞扬；但如果一件工作还没有完成，管理者仅仅对员工的工作态度或工作方式感到满意，并进行赞扬，可能不会收到很好的效果。因为这种基于工作过程的赞美反而会增加员工的压力，若员工长期处于这种压力之下，会对赞美产生条件反射式的反感，管理者的赞美行为就会弄巧成拙。

（5）掌握好赞美的尺度。过多的表扬会使员工有点成绩就骄傲；而心情愉悦就称赞几句，会导致管理者喜怒溢于言表，容易引起员工的反感，有时还会使被夸奖的员工成为众矢之的，让员工不再敢表现自己，无法达到激励的目的。

（6）赞美要真诚、具体。如果领导在根本还不了解员工的情况下，就说一些诸如"年轻有为""前途无量""干得不错"之类的公式化赞美语言，不但起不到激励员工的作用，反而会引起员工对自己的鄙视。只有真诚而具体的夸赞才能真正房获员工的心。

NO.073

掌握夸奖的禁忌，防止"夸"走员工

公司管理者如果没有掌握好夸奖员工的技巧，很容易走入夸赞的禁忌，不仅留不住员工，反而坚定了员工想要离开公司的决心。那么下面就来认识一下夸奖有哪些禁忌。

一忌过分称赞

如果在众人面前过分称赞某个员工，会让其他员工感到不服或不满，并由此产生嫉妒心理。而且管理者的称赞越高，其他员工的嫉妒心理越强。如果大家都知道管理者的称赞言过其实、过于夸大，他们不但会看不起被称赞的员工，而且还会鄙夷管理者的人品，甚至怀疑管理者别有用心。这样一来，被称赞的员工也会自愧不如，工作中处于被动状态，工作效率受到影响，完全没有起到激励作用。

因此，企业管理者要想在众多员工面前夸赞优秀员工，一定不能太过分，要实事求是，按实际能力进行表扬。

二忌褒一贬多

很多管理者在称赞员工时，喜欢表扬一个员工，同时把其他更多的员工拿来做比较，贬低这些员工的不足。这一做法非常不可取，毕竟人与人是不同的，不同的个体是存在差异的，如果管理者对员工的长处过分称赞，而对其他不具备这种长处的人大肆贬损，就会严重伤害其他员工的自尊，会感到管理者没有一点亲和力。所以，管理者在表扬某员工时一定不能借题发挥贬低其他员工。

三忌端领导"架子"

放下"架子"是领导者赞美员工的前提条件。对员工来说，领导者本就高高在上，若领导还总是"摆架子"，给人一种在他人之上、可望而不可及的高傲姿态，必然会在员工和自己之间划出界限，无法进行情感的交流与沟通，夸奖激励也得不到好的效果，更无法触发员工产生心理共鸣。

（1）由于端着"架子"的领导者总感觉自己就是权威，员工就是员工，永远不可能超越自己，也就无法对员工的长处和取得的成绩做出公正而客观的评价，甚至对员工超越自己的才能不能接受，很难发自内心称赞员工。

（2）从员工的角度出发，感觉被一位端着"架子"的领导称赞是一种施舍或者"恩赐"，难以接受。

所以，领导者一定要放下"架子"，以诚恳、虚心的态度称赞员工，这样才可达到应有的夸奖激励效果。

NO.074
运用推功揽过的方法激励员工

推功揽过能够充分体现一个人的谦虚和负责任的良好品格。很多时候，领导的"推功揽过"行为会收获员工的尊敬和拥戴，进而激发员工心甘情愿努力工作。

案例陈述

三国时期，孙权率兵收回荆州之后，设宴庆功、犒赏三军，并把大将军吕蒙置于上座，还对众将说："荆州久攻不下，今天成功夺取，都是吕蒙大将军和大家的功劳啊！"孙权把战争的胜利全部归功于大家，令众将士深受感动。

后来，孙权被曹操的手下张辽激怒，带兵与之决战，结果却大败而归。此时，孙权诚恳且自责地对众将说这次的失败完全是我轻敌所致，从今往后定当注意，不负众望。孙权推功揽过的做法深得将士们的拥戴和敬重。

与人交往，推功揽过是赢得良好人缘、成就自我的良方，而管理者运用推功揽过的手法可以赢得员工的尊敬和敬仰，促使员工在管理者的带领下积极工作。

虽然推功揽过对管理者来说可以拉拢人心，但推功揽过也要讲究一定的技巧，具体如下。

◆ 既要推功揽过，更要赏功罚过：管理者从大局出发，将团队成员的成就归于各位员工，将团队的失败责任往自己身上揽，可以激励员工，防止员工自尊心受到打击。但与此同时，管理者需要对员工中有突出表现的人予表扬或奖励，对有明显错误的员工要进行批评甚至惩罚，防止管理者过分推功揽过让员工过于夸大自己的功劳或忘了自己的过失。

◆ 了解什么功该推，什么功不该推：对于管理者来说，有些功劳是不能推给员工的，比如关键时刻力挽狂澜的功劳。一般来说，对于管理者在工作中起画龙点睛或决定作用的具体功劳不能推，还有任务的成功很大程度上依靠管理者的领导能力的功劳不能推。因为这些功劳即使推给员工，也会让人感觉名不副实，还可能让人觉得管理者过分谦虚，太虚假。其他大多数功劳都可适当推给员工。

◆ 什么过该揽，什么过不该揽：对某员工突出的过错，管理者不应该揽到自己身上，应该确确实实向员工指出来，帮助员工改正。而对团队合作中协作能力不强或领导指挥不当等造成的过失，领导者应该负起责任，将过错揽下来，并承诺以后的行为，让员工感受到领导者的"知错能改"好品德，赢得员工的心。

NO.075
支持创新失败的员工不断尝试

社会在不断地发展前进，但还是有很多人安于现状，尤其是在工作中不喜欢创新，固守原有的方法或原则办事。所以，才会有很多企业不适应社会发展的脚步，淘汰在市场经济的激流中。

因此，拥有创新意识并将创新理念付诸行动的人值得我们大力支持。在公司里，管理者要支持创新失败的员工不断尝试，这一支持可以表达公司对员工的信任，能有效激励员工努力创新。那么管理者在公司日常工作中如何对创新失败的员工提供支持呢？

（1）资金支持。创新并不容易，很多时候创新都与"钱"挂钩，尤其是科技公司、软件公司和产品研发等都需要有足够的资金作为创新的支持。资金不足，员工再想创新也无能为力，正如俗话所说："巧妇难为无米之炊"。

（2）技术支持。人无完人，单个员工的能力和技术是有限的，在创新的过程中可能想得到一些新颖的点子，但就是没法通过自身有限的能力和技术去完成。此时公司可以给员工找一个专家或行家，为相应的创新技术或产品做指导，全力支持员工的创意。

（3）环境的支持。创新很多时候需要灵感，公司应该给勇于创新的员工提供一个良好的创新环境，在征求员工的意见之后决定是否为员工临时改变办公位置或地点。

（4）精神支持。经常鼓励和夸奖勇于创新的员工，并表示对员工的创新有信心，会大力支持员工。同时要鼓励员工不要气馁，遇到问题可以向公司反映和求助，公司承诺提供一切可能的支持。在精神支持中，管理者最好不要在员工还没放弃的时候就提出放弃项目创新的想法，因为这会打击员工的信心。而且在员工主动提出放弃创新的情况下，公司也不能轻易放弃，要和员工一起努力，不断尝试，在真的没有"招数"的时候才果断放弃。

（5）人力支持。有些员工的创新是对产品的创新，过程中可能遇到人手不够的问题，公司可以适当给予创新员工人力支持。

有些员工虽然敢于踏出创新的第一步，但对自己的信心不够，很容易在创新道路上半途而废。公司要做的就是在创新过程中不断为员工加油打气，提供物质和精神支持，让员工感受到公司是自己创新路上的坚强后盾。

但是公司支持员工勇于创新不断尝试时，一定要掌握好度，不能在一个已经看不到任何希望的创新点子、项目或产品上耗费太多的时间和财力，必要时也应该果断放弃。

NO.076
适时放大员工的成绩，增加其信心

对于知足常乐的人来说，一点点小小的成绩就会感到快乐，一句简单的称赞也会是增长其信心的良药。但对于内心自卑的人来说，要在获得别人高度认可的情况下才能感受到自己的才能，才能起到增强信心的作用。

在职员工中也不乏有一些内心自卑甚至极度不自信的人，工作中很难做到自我欣赏，对工作常常缺乏自信，不能坚信自己能把工作做好，因此在工作中可能长期处于消极状态，被动工作。因此，为了帮助这些员工建立信心，公司应该实施信任激励或夸奖激励，适当放大员工的成绩，让其感受到自己为公司做出的贡献，从而增强工作信心。但在放大员工的成绩时需要注意以下问题。

（1）放大成绩不是夸大成绩。企业中缺乏自信的员工不能认识到自己对公司或部门的重要性，常常妄自菲薄。作为领导者或者管理者，要懂得适当放大员工的成绩，但这并不意味看过度夸大员工的成绩。

实事求是认可员工原本的能力，放大成绩并不是有意夸大其成绩有多好，而是强调员工所具有的能力的重要性。

（2）团队合作中突出每位员工的贡献。团队工作中以大家协作为前提完成任务，每位成员都付出了自己的精力和汗水，因此每一位员工都值得表扬和鼓励。突出每位员工的贡献实际上是从知名度上放大了每位员工的成绩，对每一位员工的努力都看在眼里，决不含糊带过。

（3）制定公开表扬机制。公司可以在各部门的办公场地中专门设置一个通知栏，该通知栏中不仅公布上级下达的通知或任务，也公布部门中近段时间值得表扬和鼓励的人员名单，将其成绩明确地公布在通知栏中。这种做法也是从知名度的角度出发放大员工的成绩，从而提高员工的荣誉感，增强其工作的信心。

（4）在业务紧张的时候放大员工的成绩。业务紧张是指企业的工作量大，大部分员工都处于忙碌状态的情形。在这种氛围中，公司放大某个或某些员工的成绩，可以很好地刺激其他员工的神经，激励其他员工也做出好的成绩，达到激励效果扩张的目的。

（5）在公司工作气氛沉闷的时候放大员工成绩。或多或少的公司都会遇到整个企业处于工作状态低迷的情况，此时作为公司的领导人，可以借助放大某个或某些员工的成绩来活跃工作气氛，还可以起到激励其他员工的目的。获得表扬的员工将成为其他员工的榜样，如果被表扬员工的成绩很平常，更能在员工中起到激励作用，因为很多员工会认为这么普通的成绩自己也能做到，为了自己的自尊心也会开始努力工作。

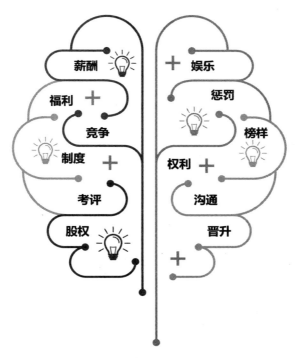

第9章

榜样与尊重激励，让员工不再有情绪

要想让员工服从管理，领导者具备较强的能力是不可缺少的条件，这样的领导者才有"资本"对员工的工作做出指点，使得员工不再对领导者的决策和计划有情绪。另一方面，公司也要尊重员工的想法，不能以偏概全地否定员工的努力和付出。

NO.077
以自己对工作的狂热感染他人

管理者对工作的狂热，会在企业内部形成工作狂的氛围，这样的氛围虽会给员工带来不小的压力，但更能激发员工的工作热情，使之为企业效力。

案例陈述

四川某科技发展公司的老总曾先生，他对工作的热情在公司里无人不晓。很多员工都表示，每次看到老板对待工作的认真态度都会不由自主地激发自己内心的工作欲。而且曾先生对自己的要求也很高，同时对员工的要求也不低，这就给员工造成了一定的压力，让员工不得不对自己制定高标准。

外界的很多客户和消费者在问及公司的业务员或者其他员工公司为什么发展得这么快时，大部分员工都提到了如下几点原因。

1. 工作本身有意思，令人跃跃欲试，人们对自己喜欢做的事都会表现出极大的积极性。

2. 在公司里，业绩和成功是衡量工作的尺度，所以大部分员工都很在意自己的工作业绩和成功，于是就会表现出对工作的极大热情，工作更加积极。

3. 老板的行为激发了员工的好胜心。很多员工表示，曾先生对工作的狂热有目共睹，在其无形魅力和感召下，员工们会感到自己浑身都是精力，都会想，老板都那么拼命地工作，自己不努力也说不过去。于是大家都在工作中更加积极，业绩提高，服务质量提高，效率提高，进而公司的发展速度就变快了。

4. 老板的严格是一种积极的压力。曾先生对自己和员工的严格要求，可以为员工制造紧张而富有竞争意识的工作氛围。公司员工积极努力地工作，一方面是因为曾先生本人的榜样魅力，另一方面是员工愿意将曾先生作为自己的榜样，并且有好胜心能把工作做好。

企业领导者对工作的狂热程度是一种主观意愿，不能被其他原因利用。比如，不能因为要激励员工而故意表现出一副对工作很狂热的样子。一个人真正热爱工作与假装是个工作狂给人们的感受是完全不一样的，一旦被员工拆穿是在刻意表现对工作的狂热，不但不能激励员工，反而会引发员工的鄙夷情绪，进而失去员工对领导者自己的尊敬，榜样激励将失去效果。那么，企业领导者需要如何利用自己对工作的热情感染员工呢？

（1）靠真正的工作热情吸引员工。虽然有些企业领导者为了鼓励员工会故意装出一副很忙碌的样子；但我们不能否认，有些企业领导者确实是个工作狂。不仅工作积极努力，而且热爱自己的工作，对自己的要求很严格。这样的领导者所表现出来的优秀品质才能真正震撼员工，让员工产生敬佩之情，从而感染员工也同样努力工作。

（2）狂热不等于变态要求。有些企业的领导人自己对工作的狂热程度无可比拟，尤其是在创业型公司中。这其中有些领导者把自己对工作的疯狂式热情转嫁到员工身上，给员工安排一些明显不可能完成的任务。这样不但不能激励员工积极工作，反而会导致员工自暴自弃，认为反正都完不成任务，何必再那么拼命，因此工作中很可能就开始懈怠，榜样激励反而起了反作用。

（3）给对工作失去兴趣的员工讲述自己的工作经历。对创业的领导者来说，其创业也大都基于对工作的热情。因此，当遇到员工对工作失去兴趣或信心的时候，领导者可以把自己的创业经历或者对工作的看法与员工分享，用沟通交流的渠道将自己对工作的热情传递给员工，让员工也看到工作中的有趣之处，进而激励员工重燃工作热情。

（4）教会员工如何从工作的点滴中寻找热情。一个有能力的领导者不会轻易对自己的工作感到厌烦；相反，会从工作的点滴中寻找快乐和激情。普通员工的能力有限，经验也有限，因此要从日复一日的工作中找到工作的乐趣着实不易，此时领导者要发挥自己的领导作用，帮助员工从自己的工作中找到快乐，进而激发工作热情。

（5）领导者培养员工的开朗性格，传播工作正能量。公司的员工如果都是性格开朗、对生活充满正能量的人，那么看到其他同事在努力工作时就会不由自主地要努力竞争，即使本身对工作没有激情，但想要证明自身能力的想法也会激励员工不断努力。

NO.078
设置榜样表扬机制

企业不仅要有领导者做员工的榜样，还应该有员工做榜样来激励其他员工。明确的榜样表扬机制不仅可以提高被表扬者的荣誉感，还能激励其他员工努力工作，更能防止有些员工在接到工作任务后产生不满情绪。那么，企业要如何设置榜样表扬机制才能让榜样激励发挥效用呢？

（1）设置工作能力、表现和成就的评估机制。要想榜样激励有足够的说服力，首先需要明确被作为榜样的员工确确实实有做榜样的实力，这样才会让人信服。而企业在设置员工工作能力、表现和成就的评估机制时要做到全面且突出。被作为榜样的员工最好是各方面表现优异，但也可以是某一方面的能力或成就特别突出者。

在设置评估机制过程中，要对每一项考核标准进行打分，根据评估的项目对工作和公司发展的影响程度不同进行不同比重的设定。比如一个项目有明确的分数 90 分，但其对公司的发展来说比重只占

10%，则该项最终得分为 9 分。所以，员工的能力、表现和成就的最后得分将由不同项目所占比重与得分的乘积决定。

（2）制定完善的表扬机制。将员工们的评估结果整理出来后，要鼓励员工积极工作，还应该实施合适的表扬甚至奖励。而这其中如何表扬才好，如何奖励才合理，需要参照前面章节讲述的一些激励方法。除此之外，公司每个部门可以在内部办公区设立一个通知栏，将员工的先进事迹或者显著成绩用白纸黑字公布出来，让公司对员工的表扬达到一定的"保鲜期"。

具体来讲，公司要在这一过程中考虑表扬的方式和力度、表扬有无实质性奖励，以及如何让其他员工只有欣赏之意、没有嫉妒之情等。

（3）做好善后的相关事情。为什么表扬激励会涉及善后工作，其实道理很简单。在一个公司里，每个员工都可能成为其他一位或几位员工的竞争对手，从主观角度来分析，竞争对手之间通常很难以客观态度评价对方，所以当公司表扬其中一方时，很可能引起竞争对手即另一方的不满或者嫉妒，从而带来一些负面情绪和影响。此时公司要尽早发现这类问题，做好安抚或平衡情绪的工作。

对可能出现的表扬激励后续问题做好预测，并制定相应的解决办法和措施。一旦问题来临时可以及时应对，避免造成不必要的人员流失或经济损失。

身先士卒，紧要关头挺身而出

通常情况下，一个企业的领导者都比普通员工更了解公司，也更有责任保护公司的利益：尤其在公司的紧要关头，领导者应该挺身而出，为员工和公司遮风挡雨。

案例陈述

某中型贸易公司在行业内的发展蒸蒸日上，生意上合作伙伴的能力也是也非同一般，强强联手，共同发展。随着业务的扩张，领导者们不可能每一个项目都盯着，所以将有些权力授给了下属。近来，公司接到了很多客户对产品的投诉，公司的声誉受到严重损害，公关部门也做出了及时的应对措施，将同批次的产品收回。但公司的领导者一直没有出面说明此次事件的原委，导致公司在消费者心中的形象受损，公司业绩明显下滑。员工们也都三缄其口，只顾着做自己手中的事情。

在上述案例中，公司在出现公关危机时，公关部门虽然做出了及时的应对措施，但由于领导者没有站出来承担应负的责任，员工们也就没有共识要保护公司的利益，导致问题解决不彻底，影响了公司的形象业绩。由此看来，公司领导者在恰当的时候做好身先士卒的典范，可以更好地解决问题。那么，对一个领导者来说，什么时候是该身先士卒的紧要关头呢？

◆ **事件影响到公司形象**：这个时候最需要公司领导出面彻底解决问题。声誉对一个企业来说尤其重要，可能影响到公司日后的发展。此时，公司领导者须身先士卒，出面负起责任，能够给消费者和合作伙伴看到一个负责任的企业形象。

◆ **重要合作将谈崩**：在下属负责的重要合作将要谈崩的时候，公司领导者要出面帮助解决问题，不能因为是下属负责的合作项目就觉得自己没有责任，放任不管。帮助下属解决好问题，可以赢得下属的感激和敬佩。

◆ **实施新的制度规定**：公司为了规范经营结构，可能会不断制定出新章新规。作为领导者，首先要身先士卒，带头遵守规章，为员工做好榜样。

领导者如果没有身先士卒的觉悟，遇事就交给员工，自己躲在背后"享清福"，不仅给员工造成了很大的工作压力，也会引起员工对公司领导者的不满，从而不愿意再为公司卖力，这对公司来说是人力资源的损失。

NO.080
少管"闲"事，做好工作给别人看

有些企业的领导者喜欢到员工工作的地方走动，甚至还会在看到员工的错误之时毫无隐晦地指正出来。不可否认，这一做法没有错，但很可能会伤害员工的自尊心。而且"闲"事管多了会招致别人的厌恶。而作为领导者，最应该做的就是起到榜样作用，并利用榜样激励这一方式鼓励员工积极工作。

目前很多企业的员工都觉得公司领导者完全是个"闲人"，每天到公司坐在办公室，没事儿接接电话，上上网，或在没事儿的时候再给员工"找找茬儿"，下午下班时间还没到就走人了。即使自己帮助公司争取到实力雄厚的客户也不为员工所知，让员工误以为自己上班没出力。为了避免出现这样的误会，领导者要少管哪些"闲"事？做好哪些工作给员工看呢？

（1）员工工作的细节不用管。所有工作都由若干细节组成，如果领导者太关注员工的细节，会让员工感觉太吹毛求疵，鸡蛋里挑骨头，会影响员工的工作情绪，也会觉得领导者没事儿找事儿。

（2）不会降低效率的工作方式不用管。有些企业管理者喜欢将自己的工作方式强加给员工，以为能够提高员工的工作效率。其实不然，不适合员工个性的工作方式反而会影响其工作效率，不仅让员工工作感到吃力，还会直接影响员工的工资收入，进而破坏员工工作的积极性。

（3）不要频繁考察员工工作进度。员工只有在不得已或不得不的情况下才会影响自己正常的工作进度，领导者不能像盯犯人一样抓着员工不放，严重时还可能影响自己该做的重要的事情。

（4）及时将公司的动态告知员工。很多时候，公司的投资者都是和公司老板交流沟通，最终决定是否合作。对于是否合作的结果，领导者可以适当向员工们透露，说明将要和哪家公司合作，点到为止。

（5）可将办公室安置到接近员工办公地。这一做法不仅能顺其自然地了解员工的工作情况，也能主动地让员工知道自己每天在干什么，起到促进领导与员工互动的作用。

（6）关心员工身体和精神上的健康状况。领导者虽然处理的一般都是少而重要的事情，但也因此有更多的空余时间，可以利用这些时间真正走到员工中去，了解员工的身体和精神状况，了解员工的真实需求，并切实为员工解决问题。

（7）在工作中要做好带头工作。领导者通常也算是企业的标杆，激励员工的一种有效方法就是榜样激励。领导者除了要在工作中为员工做好榜样，也要从生活态度和人生价值观等方面做好带头作用，让员工不仅在公司学会工作技巧，也可以学到生存技巧。

培养榜样员工，让其他员工"眼红"

扬长避短乃是人们学习和工作中最应该掌握的技巧，可以帮助自己在学习和工作中发展得更好。很多公司领导也深谙扬长避短的好处，将其用在激励员工的事情上，比如通过帮助员工扬长避短，培养榜样员工，让其他员工羡慕，以此来达到激励的目的。

案例陈述

小金大学刚毕业就到某投资公司工作，最初就是一个普通的客户经理。由于其在投资方面的独到见解和踏实勤奋的性格，在公司的发展可谓是稳步朝前，也因此得到上级的高度认可，从客户经理升到了现在的部门主管。很多时候，上级都在其他员工面前夸奖小金，并将其显著的业绩告知其他员工，还将小金作为公司众多员工的工作榜样，鼓励其他员工勤奋工作。

不久，公司又要迎来一次晋升考核，而小金的上司在把小金培养成公司榜样员工的同时，也流露出要将其发展成公司的管理人员的意向，这让很多员工非常羡慕。

很多人都有被拿来做比较的经历，无论是学习、工作、婚姻还是子女等，有比较就会有优劣，就会心有不甘，就会有动力想要扭转局势。因此，公司培养榜样员工，也能在一定程度上激励其他员工积极努力。对公司来说，培养怎样的榜样员工会让其他员工"眼红"呢？

（1）条件允许的情况下培养全能型人才。全能型人才作为公司其他员工的榜样，不仅能让员工们心服口服，而且还能激励其他员工全面发展。

（2）德才兼备的半管理者。有些公司的员工虽然敬佩领导者的才能，但对半管理者的能力有所质疑，进而质疑领导者用人的能力。所以，公司需要选出德才兼备的半管理者作为其他半管理者和员工的榜样，让榜样激励更有说服力。

（3）销售业绩优异的榜样员工。销售是一个公司发展的动力之一，没有销售就没有持续经营的资金来源。因此，公司将销售业绩优异的员工作为其他员工的榜样，不仅激励员工做好销售工作，还能体现公司对销售工作的重视。

（4）品行良好的勤劳员工。有些员工在工作能力上有所欠缺，但在品行和工作态度等方面表现很突出，公司也可将这样的员工作为榜样，让其他员工意识到工作不仅注重数量，更注重品行的发展。喜欢投机取巧的员工虽然业绩好，但并不是公司提倡的工作态度，真正帮助员工明白一个道理，脚踏实地，求真务实，追求卓越。

NO.082
尊重员工的隐私，使其认同公司的文化

任何人都希望自己的隐私得到有效的保护，如果一个企业不注重员工的隐私保护，导致员工的利益受到损害，就将失去员工对公司的信任，从而没有了继续留在公司的想法，白白丢失人才。

从尊重的相互性来看，公司尊重员工的隐私，而员工也会因为信任而尊重公司的文化。

实际工作中，由于职责和工作的需要，公司对员工的情况通常有较多的了解，而员工在应聘、受聘和解聘等环节都有可能将其个人隐私透露给公司。这样看来，员工可能会把如下一些隐私"泄露"给公司。

◆ 员工受聘时会向公司提交个人简历和其他资料信息，如姓名、住址、个人照片、联系电话、身份证号和工作经历等。

◆ 在人才选拔时，公司还会考察员工与工作岗位相关的家庭情况、身高、血型、社会关系、信仰和财产状况等信息。

◆ 员工辞职或辞退后，有关员工的档案仍会在公司保留一段时间，而员工在受聘期间的所有工作表现和工资情况等也属于个人隐私。而且在工作期间，有些公司还会通过视频和网络监控等对员工个人信息进行搜查和获取，所得信息也是个人隐私。

◆ 有时员工出于对公司或者管理者的信任，会向管理者或领导反映个人问题，说出自己的心里话，甚至把个人隐私也和盘托出，希望得到管理者的帮助。

无论是员工因工作需要不得不透露个人隐私，还是公司因工作需要在员工不知情的情况下有意探知员工个人隐私，抑或者是员工主动说出的"心事"，公司都应该像重视企业的商业机密一样保护员工的个人隐私，充分尊重员工的隐私权利。这不仅是减少和规避劳资纠纷的需要，也关系到员工的工作积极性和上下级关系的和谐，更影响员工对企业文化的认可度。因此，管理者在这一方面要注意一些细节问题。

（1）不向其他员工打探某位员工的情况。这种探知员工信息的方法是最不理智的，公司或管理者可能出于一片好心，但会影响员工之间的同事关系，进而搞砸原本和谐的工作氛围。

（2）在公众场合不要谈论下属的隐私。有时为了工作需要，管理者会在无意中泄露下属的个人隐私，没有考虑到场合环境因素就说漏了嘴，使员工隐私曝光。比如有些管理者以为自己身边的工作人员很可靠，因而说话过于随便，或在某些社交场合因情绪激动而信口开河，把不该透露的员工信息透露给客户或者合作伙伴。

（3）在家人面前不要谈及员工的隐私。人们在和自己的家人说话时都会比较随便，想到什么说什么，而管理者也很容易将员工的隐私作为茶余饭后的谈论话题。而家人很容易将员工的隐私传出去，损害员工的利益。所以管理者要为员工保守好秘密，在家人面前不能随便谈论员工的情况，尤其是避免谈论员工的隐私。

（4）不要把隐私当成制服员工的武器。在长期的工作中，员工与管理者发生矛盾很正常，有些管理者为了"逼"员工就范，喜欢拿着员工的隐私做条件，这一做法极不道德。管理者要保持冷静的头脑，绝不能因一时冲动而拿员工的隐私作为武器，试图"制服"员工。因为这样做会触犯员工的尊严，员工会因为受到压迫而奋起自卫，进而造成员工和管理者势不两立的局面，不利于公司发展，间接否定了公司文化在员工心目中的形象。

（5）当员工隐私涉及公司利益时也要以尊重为前提。有些具有一定规模的公司，如大中型企业，为了监督员工工作，会在职场中安装监控，防止员工偷懒。这一做法须谨慎使用，要在尊重、保护员工隐私和保证员工工作质量之间找寻平衡点，达到既不引起员工的反感又能对员工工作实施监督的两重目的。比如，要考虑监控的位置不会拍到员工的隐私，只拍到能大概看清员工在干什么的程度。

总的来说，对于一些员工的个人信息，如果公司或管理者认为让别人知道对该员工有好处，或为了公司的利益只能让别人知道，则应向员工解释为什么要将其事情告诉别人，然后获得员工的认可。好的情况是得到员工的同意将其信息透露给其他人；更好的结果是，员工因为公司的尊重和细心感到欣慰，对公司文化更有好感，信任度更高。

NO.083
尊重员工的想法，避免击垮员工的信心

目前社会上不缺有想法的员工，但缺少赏识员工才华的管理者和企业，也缺少尊重员工想法的上司。在这个竞争激烈的社会中，人们都想自己的努力得到认可和回报，但往往公司或者管理者并不重视员工的想法和意见，无形中打压员工，很多有想法的员工会因此失去创新或"想"的动力。

案例陈述

小夏的工作是项目策划，平时的工作需要具有一定的个人想法才能制作出个性化的策划方案。虽然小夏是一名对自己的工作很有热情的员工，但其没有遇到自己的"伯乐"。在部门开会讨论项目的策划问题时，小夏的想法总是被经理看成没有可操作性，而且还时不时批评小夏的想法，这让小夏心里很不是滋味，也让小夏开始怀疑自己的能力。

时间长了，管理者发现小夏在会议上的发言越来越少，整个会议的氛围变得很沉闷。这时管理者又主动询问小夏的想法，小夏不想再被管理者说三道四，于是称自己没啥想法，说目前的方案其实已经很好。

多次下来，公司很多项目的策划都比以前的水平有所下降，影响到公司的业务。上级到部门了解情况，单独找到以前表现突出的小夏，小夏说明了自己对自己的能力有所怀疑，所以不敢在会议上随便发言。而聪明的上级怎会不知其中的缘由，于是鼓励小夏继续努力，在会议上积极发言，要对自己有信心，上级是非常看好小夏的。得到上级的肯定，小夏决定"不计前嫌"，一如既往在部门会议中说出自己的想法。

由上述案例我们可以总结出如下几点不尊重员工想法可能带来的后果。

◆ **引发员工的不满和敌对**：有些员工确实有实力，同时很相信自己的能力，但上司总是找各种理由忽视员工的想法，甚至不看好员工的工作能力，这会引起员工内心的不满，甚至敌对上司，这样不利于日后工作的开展。

◆ **打击员工的信心**：有些员工有实力但对自己缺乏自信，一旦受到上司的批评或不看好，就会变得更加自卑，从而使自己的实力难以正常发挥，不仅影响自己的前途，也影响公司的发展。

◆ **员工另谋出路**：对自己的实力很有信心的人在某公司得不到赏识时就会想另寻出路。若员工虚有其表，那么对公司没什么影响；但如果走的真的是一个实力雄厚的员工，公司就将损失一名人才，很可能会影响公司以后的发展。

那么，公司或管理者要怎么尊重员工的想法呢？具体可参照以下的做法。

（1）对员工的想法可以提出意见，但不能完全否认。一般清情况下，员工的想法都是在实践中产生的，不至于完全错误，所以管理者要客观评价员工的想法，可以说明想法的不足和改进意见。

（2）对员工的想法做出评价时语言要委婉。即使员工的想法很不好，管理者都需要委婉地告知员工原因，并鼓励员工继续努力，表示相信员工一定能做好。

（3）尽可能多地听取员工的意见。有些员工比较内向，且自信心不足，常常不敢表达自己的想法，此时领导者要广纳谏言，鼓励这些员工勇于说出自己内心的想法，领导要做到从善如流。

（4）由员工对自己的想法负责。若公司采纳了某员工的想法，那么最好让该员工作为项目的负责人或者主要参与人，在项目进展过程中按照该员工的想法做事。

（5）探讨过程中尊重员工的想法。当公司决定采用某员工的想法后，大家还可能会一起开会就该想法做出修改，此过程中也要重视员工自己的修改意见，双方协商，达成一定的共识。

（6）尊重员工对公司某些方面提出的想法。员工能够给公司提出发展方向上的想法和意见，说明员工还很在乎公司的利益，领导者和公司应该感到欣慰，同时要积极、合理地采纳员工的意见和想法，好的保留，不好的再改进。

NO.084

尊重员工的价值观，激励员工创新

　　人的价值观是一种看不见摸不着的东西，只可意会不可言传。因此，尊重员工的价值观既可以是件简单的事，也可以是件困难的事。短时间内是摸不透一个人的价值观的，因此对于公司来说，要想了解清楚员工的价值观，需要长期关注员工。

　　尊重员工的价值观，可以获得员工对公司的好感，让员工相应地认可公司的文化和发展轨迹，同时还能避免员工在工作中产生逆反等消极的、不利于公司和谐发展的言行。而作为公司方，要想尊重员工的价值观，首先要了解价值观的类型。

　　（1）反应型。该类型的人并不意识自己和周围人是作为人类而存在的，他们只照着自己基本的生理需要做出反应，不顾其他任何条件。这类人非常少见，实际上相当于婴儿。

　　（2）部落型。该类型的人依赖成性，服从于传统习惯和权势。

（3）自我中心型。该类型的人信仰冷酷的个人主义，自私且爱挑衅，主要服从于权力。

（4）坚持己见型。该类型的人对模棱两可的意见不能容忍，难于接受不同的价值观，但又希望别人接受他们的价值观。

（5）玩弄权术型。该类型的人通过摆弄别人以及篡改事实来达到个人目的，非常现实，会积极争取地位和社会影响。

（6）社交中心型。该类型的人把被人喜爱和与人善处看得比自己的发展更重要，常受现实主义、权力主义和坚持己见者的排斥。

（7）存在主义型。该类型的人能高度容忍模糊不清的意见和不同的观点，对制度和方针的僵化、空挂的职位以及权力的强制使用敢于直言。

所以，公司可"对症下药"，对拥有不同价值观的员工采取不同的做法，达到尊重员工价值观的目的。

◆ 对反应型和坚持己见型价值观的员工，在想法或意见上不能硬碰硬，好的想法积极采纳，不好的想法要通过技巧婉拒。

◆ 对部落型和自我中心型价值观的员工，在想法上可积极采纳好的，不好的想法可用领导的权力进行否决。

◆ 对玩弄权术型价值观的员工，公司要提防其想法的目的和动机，在查明后再确定是否采用其想法。

◆ 对社交中心型价值观的员工，可以真诚评价其想法，双方互相探讨交流，尽量在想法上达到共识。

◆ 对存在主义型价值观的员工，要大力鼓励其说出自己的想法，毕竟很多时候忠言逆耳，对公司的发展有好处。

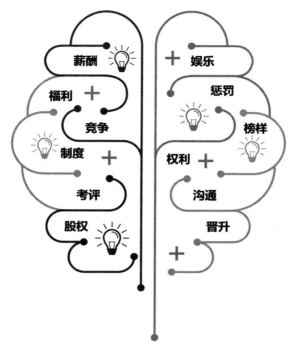

第 10 章
负面激励约束强，让员工"涅槃重生"

自古以来"惩罚"都是一种有效的负面激励法。公司通过制定底线标准，再配合未达标时的惩罚机制，激励员工努力工作免于受罚。这一方法只能消极地应对员工懈怠工作的现象，保证员工的工作进度不会影响到公司的正常运作，并不能真正起到激励员工的作用。

NO.085
奖惩有原则，但也要允许犯错

公司不仅可以用奖励的方式激励员工自觉工作，也可以通过惩罚的方式督促员工自觉工作。虽然对错误要给予惩罚，但公司也要允许员工犯错。没有人是十全十美的，通过认识错误还能找到自己的弱点和优势，从而扬长避短，促进个人进步和公司的发展。

案例陈述

小张在一家会计师事务所工作，对数据的高度敏感使他工作做起来得心应手，但也有个明显的缺点就是做事马虎。即使在看账本的时候对错误的数据很有警觉，但在自己修改数据时又会出错。小张自己对这个缺点很苦恼，也没有找到很好的解决办法。

最初，公司只是提醒小张在工作时要更加仔细，同时还奖励小张做事效率高。但时间久了，小张还是没有解决自己粗心大意的问题，甚至有几个工作因为数据的错误导致公司蒙受了一定的经济损失。领导觉得再也不能这么放任不管，于是向小张说明了其过错带来的严重后果，最后还进行了一定的金钱惩罚。

人无完人，孰能无过。由上述案例中我们可以看出，领导者通常还是通情达理的，一两次失误可以容忍，也是被允许的，但错误一直没有得到改正将会影响公司和个人的发展。为了减少公司的损失，帮助员工正视自己的错误，领导者需要制定相应的惩罚制度和措施。

（1）事不过三，不要轻易惩罚。公司要允许员工犯错，这样可以看出员工的优劣势，对员工今后的发展有帮助。只要不犯同样的错误，就不要轻易惩罚员工，因为惩罚激励很可能带来"副作用"。

（2）惩罚要分场合。有些惩罚需要当着众员工的面进行，有些惩罚需在私下解决。比如公司内部普遍存在的不良现象可通过当众惩罚犯错的员工来起到警醒作用，如工作懒散导致出错等。而因员工个性化犯错的，在私下解决就好，防止伤害员工自尊心或侵犯隐私。

（3）惩罚的轻重要符合过错的大小程度。一般来说小错小惩，大错大罚。但有时对性质较为严重或具有共性的小错，往往"杀鸡儆猴，以儆效尤"；也有时候小惩大诫，降低惩罚带给员工的恐惧感。这其中的手法需要公司根据具体实情决定，没有定论。

（4）允许犯错才能更好地发展。很多成功人士都是从失败中崛起的，人往往能从失败中吸取深刻的教训和经验。在工作中也是一样，对犯过错误、受过惩罚的事情记得特别清楚，推动自身改正不足，以利发展进步。

NO.086
惩罚错误，更要惩罚不改正错误

人非圣贤，犯错是在所难免的事情。古语云："知错能改，善莫大焉"。犯错误并不可怕，能够认识到自己的错误并能改正错误才是最重要的。而一错再错、明知故犯的毛病更应该受到批评和惩罚。

案例陈述

小谢是某房地产企业售后服务部门的一名员工，本身是个做事非常认真仔细的人，对待客户的态度也是谦卑有礼。但有一次遇到客户上门投诉，经了解情况后发现是业主自己的问题，小谢也就说明了其中的原因，向业主解释其情况不在物业负责的范围内。该业主不服，向公司上层投诉了小谢。

小谢被领导请到办公室谈话，询问了事情的原委，领导表达了对小谢工作态度的认可，但也委婉地说明了小谢处理此次事件中存在的错误和问题，让小谢写了一份反省书，并决定从其工资中扣除 50 元作为惩罚。此后，小谢很少再出现类似的问题，领导对其工作能力很是赞赏。

黎先生是该公司的销售部经理，凭借自身的人脉，总是能为公司争取到优质客户，提高公司的整体业绩。但其最大的缺点是目中无人，工作中经常不把下属的成绩放在眼里，还出言不逊辱骂员工。当领导找到黎先生谈话时，黎先生称自己不是故意的，只是想让员工更加努力工作。

在之后的工作中，黎先生还是没有改掉自己的这一缺点，给公司造成了很大的影响。比如部门里面很多人开始谈论黎先生的为人，甚至有些员工陆续向公司递交了辞职报告。最后，公司为了挽留员工，专门下发通知批评黎先生的错误行为，还对其进行了 500 元的惩罚，离职潮才被有效遏制。

由上述案例中我们可以看出，员工小谢是个知错能改的人，在受到惩罚后更加重视工作，所以出错的概率明显减少；而销售经理秦先生却自以为大，不仅在领导谈话时隐瞒实情，而且在谈话后也没有认真改正错误，还是继续"为所欲为"，导致部门员工流失，最后受到公司的严厉批评和惩罚是情理之中的事。

对于一个想要实现长远发展的公司来说，员工的人品是最基本的工作要求，关系着公司文化的传播和人文环境的建设。所以公司要利用各种有效手段纠正错误和处置知错不改的员工。

（1）小错误能不惩罚就不惩罚。公司如果对员工的小错误斤斤计较，无论怎样都要给予惩罚，会让员工觉得公司管理太古板，没有人性，不懂变通，让员工失去工作的积极性，从而影响效率。所以公司对小错误能不惩罚就不惩罚；但如果错误虽小却影响到原则或根本性问题，还是需要小施惩戒，让员工认识到其中的重要性。

（2）大错不可姑息，小惩大罚要视情而定。如果员工犯的错误较大，但没有触及到原则和公司发展根本，则可以小惩以警告员工；如果员工所犯错误较大，且触及到原则和公司发展的根本，公司就决不能姑息，一定要大惩，不管是下发批评通告还是金钱惩罚，都要让员工深刻认识到自己的过错，防止以后再犯。

（3）知错能改时赏罚并进。为了最大程度地激励员工积极工作，公司可以在对犯了错误的员工进行惩罚后，对能够改正错误的员工给予适当的奖励。让员工明白，公司允许员工犯错，更希望员工能够知错能改，从而提高员工对公司的好感度，甘心为公司效力。

（4）知错不改"罪"加一等。对那种工作中的"老油条"，公司应该采取严厉的惩罚措施，让"老油条"意识到公司并不是在放任其"为所欲为"，反而是在时刻关注员工的动向，一旦发现员工知错不改或者明知故犯，就会立即出击，为公司扫除"老鼠屎"，给"老油条"深刻的警醒。

知错能改的员工，其工作态度是好的，所以小惩或不惩是为了更好地鼓励员工认真工作。而知错不改反映了一个员工不良的工作态度，对这类员工如果不施以惩罚，就会造成不良影响，严重时可能影响公司的发展。

NO.087
对有潜力的员工允许犯错的机会

一般有潜力的员工都喜欢创新，喜欢发现新事物，但在探知新事物的过程中难免出现错误，而改正错误后很可能就会看到成功的曙光。很多人会感到惊讶，"犯错"居然对工作有帮助，下面就来看看"犯错"给工作带来的具体好处。

◆ 暴露员工的不足，让公司了解员工的真实情况，有助于员工和领导者互相沟通和了解。

◆ 有错误证明有改进和上升的空间，对员工今后的发展有指导和警示作用。

◆ "犯错"也是一种考察，公司可通过员工所犯错误的大小和严重程度来判断其工作能力，从而决定员工的发展方向。

◆ 不同等级的员工，其应该犯和不应该犯的错误有明显区别的，公司可通过员工"犯错"来评估员工的工作态度，是工作不认真导致犯了不该犯的错误,还是能力有限犯了被允许犯的错误。

这么看来，"犯错"确实能给工作带来一定的好处，但允许员工犯错是如何实现激励员工自觉工作的呢？

（1）减轻员工工作压力。公司允许有潜力的员工"犯错"，在一定程度上减轻了员工的压力，可以让员工大胆地工作、创新，从而激发工作热情，自觉努力地积极工作。

（2）给有潜力员工铺平道路。有潜力的员工往往需要一些工作契机来表现自己，允许犯错就是给这些员工放宽了道路，使其能在创新道路上展示自己真正的实力。

（3）让处于工作低谷的员工"涅槃重生"。处于工作低谷的员工，本身在工作中会缺乏激情，工作中常常出现小错误，为了给予这些员工涅槃重生的机会，适当允许其犯错，督促其顺利完成任务，使其在工作中重新找回自信，提高工作热情，自觉将更多精力投入到工作中。

（4）激励员工迎难而上。很多员工都是在困难面前出错，对自己能够轻松解决的工作总是会做得得心应手。所以，公司允许员工犯错，其实是在暗示员工，面对困难要迎难而上，不怕犯错，因为犯错是被允许的。但即使如此，公司也要把握好允许员工犯错的度，防止员工不知轻重，因为困难处理不当而损害公司利益。

（5）鼓励工作失败的员工是一种态度。面临失败挫折的员工，更想得到理解和鼓励。可以想象，当员工遭到训斥和否定时，他们会觉得在公司内部蔓延着一种令人紧张惧怕的气氛，他们会彼此传递相互保护的信息，学习逃避责任和懒于创造。所以，惩罚失败员工的后果是没人勇于尝试和创新，公司也就失去生命力。若能允许潜力员工犯错，则可激励员工敢于尝试，为公司发展增长活力。

NO.088
对眼高手低者褒贬兼施

眼高手低的员工，只要认为目标有一丝达成的机会便干劲十足。若他们没有这股干劲，则不是另觅出路就是饱受士气崩溃之苦。为了保持眼高手低员工高昂的士气，公司要帮助他们找到有趣或合适的职务。

眼高手低的员工可能确实有一定能力，但也可能只是空有其表。其显著的特点就是眼光高且长远，而实际动手能力和执行力都不强。作为公司，需要告诉这些员工把注意力多放在重要的细节上，时刻提醒这类员工忽略重要细节可能产生的不良后果。

眼高手低的人会忽略一些重要的注意事项，容易自负，影响对事物的判断力。因此，必要的时候，领导者或者管理人员要给太过乐观的眼高手低者泼点冷水，防止其盲目追求目标而忽视当下存在的问题。既然如此，公司要采取怎样具体的做法来有效激励眼高手低者呢？

（1）褒奖其远大的目标和理想。有目标有理想，人才会有生活、学习和工作的动力，不至颓废度日，因此公司首先要对眼高手低者进行表扬，夸奖其拥有长远的工作目标，对以后的职业发展规划有帮助。

（2）对员工的"手低"进行适当的批评教育。事实上，很多眼高手低的员工都有自知之明，知道自己心有余而力不足。公司需要对其进行适当的批评，加深其对自己不足之处的认识，激励其改正不足，从眼高手低发展到拥有真正实力的阶段。

（3）指导员工按照具体的工作流程做事。有些员工眼高手低惯了，忘记了一些基本的做事流程和原则，公司需要及时提醒并指导其按流程办事，帮助改正眼高手低的毛病。

（4）帮助员工解决"手低"问题。在批评员工不足的同时，要帮助员工解决其因能力不足而无法克服的困难，让员工感激公司的"宽宏大量"和"慷慨解囊"，从而增强员工对公司的忠诚度，自我激励、自觉工作。

（5）鼓励员工制定合理的长远目标。公司在表扬员工具有长远目标的同时，要协助并鼓励员工制定合理的长远目标；否则如果目标不合理，成功的概率小，开展过程困难重重，会打击员工的信心，不利于员工的发展。

（6）对失败员工恰到好处的安慰。眼高手低的员工一般会固执己见，如果是半管理者，其拥有一定的决策权，所以很可能因为其眼高手低的决定导致项目或业务失败。此时，公司要对其进行合理的安慰和鼓励，防止其信心被击垮，激励其更加努力工作，创造出理想成绩。

NO.089
怎样用好"降职"，实现负面激励

很多人在工作中可能见到或遇到被降职的情况，多数时候都是因为员工在工作中出现了严重或较大的过失。而人都有趋利避害的潜意识，所以当公司降了员工的职后，员工可能会想着离开公司，另谋好的出路。所以，企业要通过"降职"来达到负面激励员工的目的，确实是一件很困难的事。那么，企业要如何用好"降职"，既让员工记住过失和教训，激励其他员工认真工作，又让员工不离开公司呢？

（1）把控降职的程度。降职只是一种惩罚方式，绝不是用来威胁员工的利器，只要能达到惩罚激励的目的就行。所以，在对员工实施"降职"这样的负面激励时，员工被降职不应超过一个明显等级，如不能把经理直接降为主管。

（2）降职原因要充分。一般而言，企业不会随便对员工进行降职，不得不降职时，常见的原因如下。

◆ 由于组织机构调整，或者精简工作人员。

◆ 员工不能胜任本职工作，而调任其他工作又没有空缺的岗位，所以需要降职。

◆ 公司答应员工的要求，因员工自身身体状况欠佳而不能承担繁重工作等，要对其进行降职。

◆ 依照公司的相关奖惩条例，对员工的表现不满意而进行降职。

（3）对不同心态的被降职员工要进行不同的安抚工作。一般被降职处理的员工会出现 3 种心态：一是觉得很没有面子，人前抬不起头来，亲属朋友面前无法交代；二是不服组织处理结果，认为不是自己的原因，找理由把过错归于公司或别的同事；三是积极调整心态，勇于面对挫折和挑战。

对第一种心态的员工，公司要给予更多的关心和呵护，多鼓励，多沟通。尤其是当员工在新的岗位上做出成绩后，企业更要及时做出表示，以增强其自信心。

对第二种心态的员工，公司要给予明确的批评与教育，并向员工说明不能反思自己过错的后果，帮助员工重新审视自己的工作态度，然后视其改变结果再做处理。对冥顽不灵、不思悔改的员工，可以予以解除聘用协议的处理；对知错并及时改正的员工，可以给予像第一种心态员工的待遇。

第三种心态的员工将是企业重点培养的对象，因为其工作态度和人品是好的，而工作能力可以在日后的工作中慢慢培养和提高，所以这类心态的员工潜力很大，公司要注意降职后的重用问题。

（4）对不同类型的员工进行不同的降职处理。类型不同的员工，对降职处理的接受程度有所不同，要想降职处理更加到位，必须考虑对不同类型员工进行不同的降职处理。

孙悟空型的员工在思维方面有很强的判断力，是解决问题的高手，凡事都有对应的招数，个人独立能力非常强。此类型员工不能达成任务目标往往是不适应新的工作环境，与同事人际关系处理上是弱项。所以在对这类员工进行降职处理后，要帮助其适应新的工作环境。

孙中山型员工的思维特征是强理论型，凡事都要个说法，表现欲很强。所以对该类型员工进行降职后，要给出充分的、与过失大小相符的降职理由和降职程度，然后在合适的时候给予表现的机会。

项羽型员工急于造势和取得收获，是非常容易出绩效的员工。这类员工绩效不好的同时往往有很强的破坏性。在对这类员工进行降职后，企业需要引导其认知自我，调整心态，必要时承诺升职的可能。

刘备型员工神善于积累资源、善于判断，但要在很了解自己的能力大小或有绩效表现出来时才对自己有信心。所以，对这类员工进行降职后，企业要及时鼓励，肯定其工作能力。

诸葛亮型的员工思考问题注重缜密性，没有把握、事先准备和资源支持时很难适应工作变化。因此为了公司着想，对该类员工进行降职时，要安排变化速度较慢的工作，减轻其压力。

袁绍型员工比较细心，喜欢与人打交道，工作绩效与感觉有关。所以对这类员工进行降职后，要为其营造一种受欢迎的工作氛围，重新建立起对工作的信心。

NO.090

如何合理施加压力，让员工动力十足

员工就如同弹簧，本身潜力很足，只要给予适当的压力就可弹跳得很高。公司给予员工一定的工作压力，不仅可以防止员工偷懒，还能让员工工作更有动力，发挥出工作上的潜力。

但是如果给员工施加的压力太小，员工就没有紧迫感，工作积极性没有被真正调动起来；而施加的压力太大，会使员工过度处于紧张状态，反而会把人压垮，从而丧失对工作的积极性，甚至想要离开当下的工作岗位。所以，企业对员工施加合理的压力是一门技术，需要好好借鉴和学习。

案例陈述

小金是一名刚刚大学毕业的工作者，受聘在一家贸易公司上班。论经验和工作经历，他肯定不及公司的老员工，因此在销售业务上迟迟没有出好的成绩。

销售主管也会时常帮助小金提高业绩，但当小金自己孤军奋战时，其业绩又不尽如人意。部门经理怕小金的工作情况影响到其他同事，于是向小金发出了"最后通牒"，如果在一个星期内不能做到某业绩标准，公司将考虑辞退小金。面对这样的任务，小金感到茫然无助，同时感到公司的"残忍"，于是第二天就递交了辞呈。经理很纳闷，明明还有一个星期的时间，为什么不努力试试？小金说出了自己心中的感受和对公司的看法，经理顿时感到羞愧和不安。

由上述案例可知，企业给员工的压力过大会让员工对自己和公司丧失信心，从而离开公司，而公司很可能因此失去一个未来人才。那么企业在对员工施加压力时应注意哪些问题呢？

（1）工作任务目标科学化。员工压力主要来源于工作绩效目标，目标的确立是否科学，直接决定员工工作是否有压力，或者压力是大是小。理想的情况是，管理者在为员工设定工作目标前，深入市场调研，在获得大量第一手资料的情况下，制定出一个必须经过艰苦努力、但最终可以实现的目标。

（2）压力转移。公司在给员工施加压力的同时要懂得将员工的个人压力转移给部门集体，工作压力由集体扛，让员工感受到自己不是一个人在战斗，员工有压力但不气馁，更有信心和勇气完成工作任务。这样做不仅能激励员工，还能强化团队意识，提升整体业绩水平。

（3）施压过程中要不断调整策略。经济市场瞬息万变，一切计划和策略都具有相对性和时效性。所以，管理者要时刻关注员工的工作进度，然后根据市场变化施加合理的压力，切忌平时不过问，秋后算总账。在不断变化的工作进程中根据实际的工作情况施压，能让员工更容易接受和服从指挥。

（4）对任务完成日期的限定要宽紧适中。管理者在布置一项工作时，应事先对工作完成的日期做出预估，做到心里有数，防止员工为了避免发生突发状况而延长任务完成时间，也防止员工为了获得公司的认可而不切实际地将完成任务的时间提前。

（5）强调工作得失来达到施压目的。比如"如果这项工作做好了，公司将有一笔不菲的收入；如果没有做好，公司员工的年底奖金计划就会泡汤"。强调得失等于强调事情的重要性，同时让员工感受到被重视。但最好不用调职或解雇作为任务失败的代价，这些会给员工极重的压力感，不但不能激励员工，反而会使员工失去基本的安全感，从而促使其做出另谋高就的选择。

（6）强调施压的原因和后果。对于管理者来说，给凡事喜欢拖延的员工强调拖延工作带来的不良后果是再平常不过的事。一方面让员工了解到工作效率低对员工自己的利益并无好处的道理，另一方面让员工认识到公司的难处，明白管理者施压的原因，从心底打消不服和反叛的想法。

（7）中途不能停止施压。很多员工抱着熬过几小时或几天就放工的心态工作，如果公司中途停止了对员工的施压，员工在完成了一项工作之后很容易懈怠，不利于后续工作顺利地进入开展阶段。而员工一旦懈怠，就很难再有饱满的激情投入到工作中去。

如何淘汰不知进取的员工

不知进取的员工没有进步的机会，而作为公司方，不可能养着没有进步空间的员工"吃闲饭"。但是公司又不能直接地辞退员工，这其中涉及淘汰不知进取员工的技巧。

案例陈述

但先生是一家创业公司的老总，为了公司的良好发展，但先生很注重员工的工作态度和效率。而合作伙伴给自己介绍了一个"关系户"秦女士来公司工作，而秦女士是但先生合作伙伴的亲戚，也不好拒绝，因此暂时答应了下来；同时也跟合作伙伴说明了情况，一旦发现秦女士不适合公司的工作，就会终止双方的劳务协议。

刚开始的一两个月，秦女士工作还算积极认真，但时间长了，秦女士对手中的工作并不在意，上班还总迟到，对上级派发的任务也不积极，严重破坏了整个工作氛围，而但先生多次提醒秦女士，最终没能改正错误。于是，但先生向秦女士说明情况，提出解除双方的劳动关系。

由上述案例可以看出，公司在淘汰不知进取的员工时，一个最基本的手法就是"将丑话说在前头"，把员工不思进取的后果先摆出来，一是提醒员工要积极努力工作才能保住饭碗，二是给公司淘汰不知进取员工以充分的理由。那么，公司在淘汰不知进取的员工时，还可以使用哪些手法呢？

（1）对比出差距，让员工感到羞愧。将不知进取的员工与勤劳认真的员工做对比，还可同时搭配两者的薪资情况对比，体现同样是公司的员工，拿着同样的薪资却没有别人工作努力，让不知进取的员工感到羞愧，认识到自身的不足，如果还不知道改正，公司将采取辞退的处理办法。

（2）给其改过自新的机会，然后再考虑淘汰。人无完人，孰能无过。企业要想管理好公司，就要更加人性化，比如对不知进取的员工，不要连改过的机会都不给就直接淘汰或辞退员工，否则会让员工感觉企业冷漠无情，进而对公司缺乏归属感和认同感，本来是可造之才却被公司在不经意间弄丢了。

（3）淘汰方式和手段要委婉。有时直截了当地宣布员工被辞退会损害员工的自尊心，很可能引起员工的不满，在离职前做出对公司不利的事情。为了避免这样的事情发生，公司要在淘汰员工的时候尽量做到说话委婉，处理问题温和而有说服力。比如从员工不知进取的缺点，要强调公司的工作性质对员工积极进取的要求很高，这样让员工意识到自己确实不适合当前的工作，进而主动被淘汰或者离职。

NO.092

恩威并用，批评之后及时安抚员工

该负面激励法类似于"打一巴掌再给一甜枣儿"，管理者在批评员工之后要及时安抚员工，防止员工信心被彻底摧毁，从而达不到激励员工的目的。

从很多成功的管理者事迹上可以看出，一名成功的管理者总是懂得如何恩威并施，既让员工仰视和敬重自己，也让员工爱戴自己。而公司领导人或者管理者在进行恩威并施时要注意的问题有哪些呢？

◆ **不介入员工之间的矛盾**：实践证明，当双方相争时，第三者越是不介入，越能体现其重要性，而当第三者以置身事外的态度对矛盾双方进行处理时，更显示其权威性。先将自己从事件中抹去，然后在背后发挥作用，从而达到震慑的效果。

◆ **不轻易评定下属的好坏**：精明的管理者不会直接指明哪位员工的不好，这样可避免伤害员工的自尊心，也防止领导者或管理者失去员工对自己的好感。

◆ **做人不做事**：企业管理者需要掌握的是留住人才和善用人才的

技巧，不需要对每位员工甚至每件事都亲力亲为，不需要揪着员工工作上的小问题不放而找员工"麻烦"，以此达到展示威严的目的。反之，会让员工感到工作氛围的窒息感，从而影响正常的工作进程。

另外，管理者要如何安抚被批评的员工才能达到负面激励的效果，从而让工作中暂时处于劣势的员工能够重新振作呢？

（1）动之以情，晓之以理。以讲明批评的理由作为安抚员工的手段，让员工明白自己受到批评是应该的，减弱员工的不满情绪，进而恢复对工作的热情。

（2）安排新的重要任务，分散注意力。批评员工后向其派发新的任务，并强调任务的重要性，同时表达对员工的信心和信任，让员工感受到公司对自己的重视和不放弃，激励员工继续努力工作。

（3）将批评做对比，让员工心服口服感受公平。有的员工对自己受到的批评感到不公，认为公司对自己有偏见，因而不服公司的管理。此时管理者可以将其他受到批评的员工和这些员工对比，说明大家被批评的原因、过错的程度和受批评的程度，让员工切实看到公司的公正公平，让员工心服口服地接受批评且进入更认真的工作状态。

（4）以达到良好目标获得奖励为安抚手段。奖励是员工最喜欢的东西，也是最能弥补情感受挫的良方。管理者在批评员工后，可以向员工说明，如果能在规定的时间内完成新任务，可以得到一定的奖励。此时的奖励要足够吸引员工，否则起不到安抚作用，不能激励员工在被批评后还能为公司努力工作。

突出员工的过错，及时给出补救机会

"突出"并不代表"放大"。突出员工的过错目的在于让员工真切认识到自己的错误，不至于在工作中只管埋头做事而不管行事的对错，防止员工因忽略小错误而引起大错误。

公司帮助员工意识到错误只是对员工进行提醒，并不能起到激励作用，可以给予员工及时的补救机会，让员工抓住公司这一根"救命稻草"，通过补救和改正的机会挽回员工自己的好职员形象和对公司造成的损失。

案例陈述

小夏是某理财顾问公司的数据员，对数据处理的要求非常严格。本来小夏是一个做事认真仔细的人，但最近家里发生了一点事情，让其不能专心工作，有几份数据表中出现了小小的错误。但是对于理财顾问公司来说，一个小数点错误都将是致命的。小夏认为这点错误不算什么，就没有在意。但在接下来的一段时间里，其工作中总是或多或少有错误。经理找到小夏谈话，诚恳地将小夏近期的表现进行了总结，并且突出了小夏的过失，强调过失的不可忽视性。小夏这才开始认真对待自己之前在工作中犯下的错误。为了拾回自己在经理和公司心中的形象，小夏保证了今后工作将更小心谨慎，不再犯类似的错误。

有的员工在意识到自己的过失并保证以后做得更好之后，公司并没有合适的机会给予员工真正地改正错误，所以时间长了，员工的保证就会"失效"，忘了当初的承诺而再次犯同样的错误。所以，公司在突出员工错误的同时要为员工准备好合适的机会，让员工有改正过错的契机，真正实现自己的承诺和保证。

（1）安排相同的工作，要求减少犯错的范围和概率。给员工安排与之前一样的工作任务，并说明改正错误的标准是在正常时间内减少犯错的范围和概率。

（2）安排可能出现同样错误的其他工作，要求尽量不出错。这一标准可被动提高员工的工作质量，同时改正之前会犯的错误。

（3）补救机会要及时，防止员工减退改正错误的激情。大部分员工在认识到自己错误的第一时间具有较强的改正意识，此时公司给予适当的补救机会，能让员工保持高热情改正错误，否则热情一过，有改正错误的心，但可能造成心有余而力不足，改正错误的执行力受到严重影响，不能从根本上改正错误，挽回过失。

NO.094

向工作懒散的员工描绘凄惨生活

为了激发员工对工作的积极性，帮助工作懒散的员工找到奋斗的目标，管理者可以向其描绘不努力工作可能会带来的凄惨生活。员工不情愿过的凄惨生活会促使其积极努力工作，为家庭创造一个美好的未来和幸福的生活。

这一方法并不适合所有性格的员工，有些员工本身就已经是"扶不起的阿斗"，外部刺激再怎么激烈，他也会无动于衷，还会白白浪费管理者的时间行业精力。那么，管理者可以对哪些员工实施这一负面激励法呢？

◆ **不得志而想要放弃的员工**：这类员工只是迫于客观环境而不得不自我放弃，此时公司可以向他展示不努力工作可能面临的凄惨生活状况，迫使其努力克服困难，主动解决客观环境带来的阻碍，促使其坚定努力的决心。

◆ **为了混日子而得过且过的员工**：有些员工没有太大的野心，认为只要生活过得去就行，工作中也只是做好基本工作，不求创新和精进。这些员工有潜力将工作做得更好，所以管理者也可以通过向其描述安于现状可能面临的凄惨生活，激励员工更加努力，为自己、家人和家庭不断奋斗。

◆ **有志向创造美好未来但没有恒心的员工**：这类员工有创造美好生活的志向，但缺乏持续努力的动力。管理者可以为其描述不努力工作就创造不了理想生活的现实情况，让员工感受到紧迫感和危机感，从而促使员工重新获得动力并发挥恒心作用，不再懒散，而是努力工作。

管理者在进行这种负面激励时，除了上述一些员工外，还要根据实际情况来辨别是否要进行这种负面激励。对顽固不化的员工，管理者可以放弃使用这种负面激励法。

而管理者在描绘凄惨生活时也要注意度的把握。生活场景不够凄惨，起不到激励作用；太凄惨以至员工看不到希望，反而会使员工完全丧失对生活的信心，进而"破罐子破摔"，彻底放弃努力拼搏。

（1）强调凄惨生活会得到改善的可能性。在给员工描绘凄惨生活的同时，要给予员工改善这种生活的可能性以及改善的方法，而这一方法就是从当下开始努力且认真地工作。

（2）用凄惨生活与幸福生活做对比。很多时候，单调地描绘凄惨生活并不能引起员工的注意，一旦与幸福生活做对比，员工将深刻认识到凄惨生活的危害，改善凄惨生活的愿望将会更加强烈而膨胀。

（3）描绘凄惨生活时不要触及员工的痛处。有些员工因为天生或因意外而具有无法挽回的劣势，可能增加了员工凄惨生活发生的可能性。管理者也不能为了激励员工而触及其痛处，否则容易弄巧成拙。

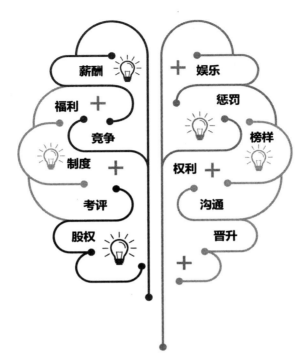

第 11 章

激将激励反守为攻，燃起员工好胜心

激将法乃是孙子兵法中比较著名的一种激励法，很多时候用在企业管理中也同样能创造出惊人的效果。激将法通过激发员工的好胜心和自尊心等，让员工自觉接受工作中的挑战，更好地完成公司分派的工作任务。

NO.095

NO.095
巧用好胜心，有意识地褒扬第三者

好胜心强的人很难容忍他人强过自己，领导者激励这类员工最有效的办法就是采用侧面激励。领导者对受激励者的各种情况虽然了解得很清楚，但为了达到激励的目的，在很多情况下都会佯装不知，同时有意识地褒扬"第三者"，接着受激励者会因为自身的好胜心而被激发出超过别人的强烈愿望和决心。

案例陈述

在《三国演义》第 65 回中，马超率兵攻打南萌关，诸葛亮对刘备说："只有张飞、赵龙二位将军方可对敌马超。"而当时赵云领兵在外，所以只有让张飞迎战。而诸葛亮为了防止张飞轻敌败仗，于是采用激将法，说赵云才能抵挡马超。张飞的好胜心被激起，为了向诸葛亮证明自己的实力，张飞立下军令状。诸葛亮见激将法起了作用，便顺水推舟地让张飞做了先锋。虽然张飞和马超在南萌关下酣战了一昼夜而未分胜负，但却打掉了马超的锐气，后被诸葛亮试计说服而归顺刘备。

上述案例中诸葛亮采用的激将法，增强了张飞的责任感和紧迫感，激发了张飞的斗志和勇气，扫除轻敌思想。这一方法轻易就刺中了张飞不甘落后于人的自尊心，使其萌发出一种非要超过赵云的念头，从而达到激励的效果。

在某些特定的环境和条件下，当人由于受到自我压抑或遭受挫折，犯了错误或其他种种原因产生了自卑感时，我们用常规的方法可能没法使其振作起来，此时就需要采用激将法，激起员工的自尊心和自信心。

侧面激将法的巧妙就在于，它是通过弦外之音或言外之意，委婉曲折地传递刺激信息。尊重和信任在人的精神生活里是必不可少的，它代表了一种对人格的积极肯定和评价，所以每个人都有被别人尊重和信任的需要，而当这种需要得到满足时，人们就会得到鼓舞。所以当有人在自己面前有意夸赞"第三者"时，就会起到一种暗示性刺激作用。

除了侧面激将法外，还有直接激将法和诱导性激将法。直接激将法通过直截了当地贬低受激励者来达到激励的目的。比起这一方法，侧面激将法不易伤害员工的自尊心；而诱导性激将法与侧面激将法类似，都是通过间接手段达到激励的作用。

需要引起管理者注意的是，不同的激将法要根据受激励的对象来确定，对更注重自尊心而不是好胜心的员工来说，最好采用侧面激将法或诱导激将法，防止采用直接激将法伤害其自尊心，弄巧成拙，让员工丢失工作的激情。另外，采用激将法还要注重时机的把握。

NO.096
根据不同的对象，掌握激将的分寸

激将法离不开"巧言"的配合，巧言激将一定要根据不同的交谈对象，了解其内心世界和情感世界的变化，了解其好恶和是非的标准，灵活地激发其情感倾向，这一过程需要实施激将法的人掌握好分寸。

案例陈述

马超归顺刘备后，关羽便提出要与马超比武，为了避免两虎相斗，诸葛亮对关羽实施了"诱导性激将法"。诸葛亮给关羽写了一封信，内容是"吾听闻关将军欲与马超比武一较高下，吾看来，马超虽英勇过人，但只能与翼德并驱争先，怎能与汝'美髯公'相提并论呢？且说将军担当镇守荆州的重任，若汝离去，造成重大损失，汝罪过岂不大矣！"

关羽看了信后，笑着说孔明最了解自己的内心想法，于是将书信传给宾客们观看，打消了比武的念头。

如果员工不肯轻易服从管理者的管理或意见，这时就不能说出任务的真实目的，而需要采用激将法激励员工，唤起其受到压抑的自尊心和好胜心，从而使其产生兴奋和信心。一般来说，管理者把握好巧言激将的分寸，需要特别注意以下要点。

（1）尽量不攻击员工的心理弱点。管理者不能为了对员工实施激将法就不顾员工的痛处或弱点，一味地揭开员工的伤疤或丑事。这样做不仅不会激励员工奋发图强，反而会严重伤害员工的自尊心，让员工无地自容，从而更没有心情做好手头的工作。

（2）戳痛处要深浅适度。一个人的痛处最能引发其好胜心和自尊心，所以管理者对员工进行激将激励时，可以适当攻击员工的痛处，注意好攻击的深度即可。

（3）正话反说要看人。管理者用故意扭曲的反语信息和反激语气表达自己的意见，以激起员工发言表态，从而达到激励员工的目的。有些人在某种事情上，你禁止他去做，他反而更想去做，尤其是倔强的人，对这类人就可以采用正话反说来激励其做事。但对有些观点不明确、立场不坚定的员工，这种方法容易打击其信心，起不到激励的作用，所以最好不使用这样的方法。

（4）看准员工的性格脾气再发力。作为被激将的对象，需要具备极强的自尊心和荣誉感。激将法适用于那些社会经验不太丰富且容易感情用事的人，而对那些老谋深算、办事稳重和富于理智的人，激将法是很难发挥作用的。

（5）让被激励者的反应程度掌握在激励者手中。激将法中的语言分寸体现在激发员工的情感上，员工的反应程度要掌握在管理者手中才算有效。锋芒太露或过于刻薄的语言，容易使员工产生对抗心理，而语言不痛不痒又很难达到激将的作用。所以，管理者不要把话说得太绝，也不要蜻蜓点水般无力。当确定激励者的反应达到预期效果后，就要收起激将法，避免言语太过而弄巧成拙。

（6）避免把激将工具用成态度。使用激将法时，所用的工具是言辞而不是态度，切不可超过了激将的分寸，为了激将而向员工甩脸子或拍桌子。这不仅有损管理者的风度，还可能使员工新生厌恶而影响工作，最终破坏激将法的初衷和效果。

（7）感情细腻且谦卑的员工适合轻度激将法。这类员工对人的态度本身就很随和，同样也希望他人对待自己的态度也很随和。所以在进行激将激励时，要将言辞力度放缓，委婉且平静，防止过度伤害其自尊心和自信心。

（8）粗枝大叶而性格开朗的员工适合直接激将法。这类员工承受打击的能力较强，直接激将法不仅可以让他们清楚地了解自己的不足，还给予了这些员工争取表现的机会。

（9）自尊心和好胜心强的员工适合侧面激将法。这类员工同时具有较强的好胜心和自尊心，说明既不服输又很容易使自尊心受伤，所以管理者需要在保护他们自尊心的同时激发其好胜心，最合适的方法就是侧面激将。言辞既不容易伤害员工的自尊心，同时也能达到激励员工的目的。

NO.097
语调平稳的斥责会更有激励效果

我们对过去管理者斥责员工的了解就是粗暴、说脏话，比如"你干什么去了？这么简单的事情都办不好！真不知道你还能干什么！要是再这么下去，你就准备卷铺盖走人！"

但随着经济的发展，人们的"脾气"也见长，员工在一家公司工作，不高兴了可以随时通知公司走人。因此，作为公司的管理者，在激励员工努力工作的同时，要避免自己的行为伤害到员工的利益，从而迫使员工愤然离职。

很多有经验的管理者会发现，语调平稳的斥责更能打动员工的心，此时的斥责犹如劝说，表达对员工情况的感同身受，而员工不仅不会感受到粗暴斥责的恐惧进而出现反抗情绪，反而会认真反思自己的错误并思考要如何解决问题。

另外，粗暴的斥责在开始的一两次可能管用，但次数多了，员工们会对这种斥责感到麻木，习惯了后就不会再害怕管理者的威严，从而失去激励的效果。

案例陈述

　　小江最近的工作不在状态，部门经理华先生找到小江谈话，语重心长地对小江说："小江啊，你最近的工作表现很不好啊，出了什么事要和领导反映，你这么自己一个人闷着会影响工作，是吧！你看你最近的业绩，相比之前可是下降了很多哦，一定要注意。"

　　于是小江把自己遇到的难题跟华先生说了，也得到了华先生的指点，最后问题解决了，工作状态也回来了。小江则很感激华先生的"劝说"，并且也承认自己知道华先生当时在责怪自己，但语重心长的语气让小江不得不端正自己的态度，不仅没法对华先生产生抵抗情绪，反而想要借助华先生的力量解决问题，做好工作。

语调平稳的斥责实际上是一种劝说，类似于讲道理的形式，通情达理的员工都会从中了解到自身的不足和过失，不仅不会产生逆反心理，反而会努力克服困难，改正错误。

语调平稳的斥责虽不能直接强烈地指出员工的过错，但却能触动员工内心柔软之地，激起员工的羞耻心，从而自发地改正不足，重新充满朝气地投入到工作中。

语调平稳的斥责相比粗暴的指责，更能拉近管理者和员工之间的距离，将双方置身于一个"大家是朋友"的氛围中，更容易让员工吐露真言，从而让管理者更了解员工，让员工更相信管理者。

在任务失败时奖励表现出色的员工

实际的企业经营活动中，难免会有工作失败而完不成任务的情况发生，但在任务失败中也会有表现不错的员工。对这些员工的表现是否嘉奖，将直接影响到他们以后工作的积极性。如果领导者因为团队或企业的任务失败而不去考虑对员工的奖励，会给员工造成打击，进而丢失工作的信心。

案例陈述

某国际著名的化学制品公司采用激将激励法，制定了一个"特别认可奖"，专门对那些在失败的部门、任务或工作中表现出色的员工进行特别奖励。这就有效地激励了员工，即使在部门业绩不佳或团队工作不成功的情形下也要对公司尽心尽力。同时，对这些员工的奖赏就是在对其他员工进行激将激励，表现出即使团队或部门工作失败，也不能阻碍表现好的员工得到公司的认可和嘉奖，以此来激发其他员工的虚荣心、好胜心和嫉妒心，从而使更多员工努力为公司做事。

在任务失败时奖励表现出色的员工，满足其虚荣心和荣誉感，使其坚定信心继续为公司效力。同时也起到一定的讽刺的作用，让其他在工作中表现平平甚至不好的员工感到羞愧，认识到自己的错误和不足，激起好胜心和自尊心，下定决心在以后的工作中做得越来越好。

但是管理者需要警惕，这种使员工鹤立鸡群的激将激励法要把握好尺度，否则会导致被奖励的员工遭到嫉妒和排挤。具体做法可参照以下建议。

（1）奖励归奖励，不要贬低他人。在一个团队执行任务失败后，为了警醒其他员工，公司管理者往往把表现很好和表现很差的员工拿来做对比，奖励表现良好员工的同时还不忘贬低表现差的员工。这么做虽然能提高被奖励者的荣誉感，却伤害了其他表现不好员工的自尊心和自信心，起不到激将激励的作用。

（2）奖励的轻重有讲究。管理者可能会觉得对表现突出的员工给予大奖，可以最大程度地激励其他员工努力工作，但却忽视了"骄兵必败"的道理，获得大奖的员工存在着骄傲自满、不愿更加努力的可能性，这会让员工怀疑激励措施的效果。

（3）奖励分对象，防止奖励不受欢迎。在团队任务失败的例子中，有些表现突出的员工希望获得的仅仅是领导者的认可、信任与肯定，对物质奖励并不在意，而有些员工则恰恰相反，这就需要领导者了解员工的性格和喜好。

NO.099
对能力相当的员工突出各自的优势

领导者对能力相当的员工无法做出客观的好坏比较，也很难做出谁优谁劣的评价。此时的激将激励将通过这些员工的不甘示弱而达到效果。

领导者对能力相当的员工突出各自的优势，然后再说明某优势在某员工身上没有或还需加强，这样势均力敌的同事之间为了证明自己技高一筹，会更加卖力工作，发挥自身的优势和能力，获得领导者的认可，从而期望把对手比下去。

案例陈述

李先生在对员工采取激将激励的手法上很有一套。作为创业公司的老板，情商不可低。有一次，公司接到一个户外活动策划项目，需要负责人具有较强的随机应变能力和工作仔细认真的态度。

在公司里，李先生有意培养两名优秀员工小谢和小秦。小谢随机应变能力很强，而小秦工作踏实，认真负责。即便两人具有不同的能力优势，但总的能力水平相当。为了激励两人共同进步，李先生在小谢面前夸赞小秦工作态度认真负责，在小秦面前夸赞小谢随机应变能力强，业务做得好。而两人也为了争取到项目负责人位置，不断努力充实自我，提高自身能力。最终李先生让小谢负责活动的流程安排，而小秦负责联络活动参与者。让两人将新培养的能力及时地用在恰当的工作任务中。

通过上述案例可知，仅对比能力相当员工的优势还不够，还要让员工自觉提升自己的不足，同时为员工提供施展新能力的机会，这样才真正起到激将激励的效果。在对比能力相当员工的优势时需要注意哪些问题呢？

（1）优势是别人没有的或不足的。能力相当的员工，如果某能力或特点虽然存在差异，但差异不大，此时管理者对这种特点占据优势的员工表示夸赞，对另外的员工起不到激将激励的作用。因此，突出能力相当员工的优势时需要优势明显。

（2）给予优势不足的员工充满信心。在比较能力相当员工的优势时，难免会触及另外员工的短处，为了增强双方的信心，管理者需要对在某能力上处于劣势的员工表达出信任，促使其全面发展而不是扬长避短。

（3）选择代表性优势。有些员工能力强，优势很多，此时管理者需要选择代表性优势进行突出，让员工了解自己的同时不至太骄傲。

NO.100

故意"挑刺儿"，让员工不服气

管理者对员工的工作适当"挑刺儿"，可以帮助员工改进工作质量，同时还能激起员工的不服气，从而想要做得更好。但是在"挑刺儿"的过程中要谨慎，不能给员工一种"管理者在没事儿找事儿"的感觉。那么具体要注意哪些细节问题呢？

（1）有刺儿可挑。管理者要找准员工的"刺儿"，比如工作态度不好、状态不佳、业绩提不上去或者与同事关系不好等。一切与工作能力和工作目标有关的事情都可以成为阻碍员工发展的绊脚石，而管理者可以从帮助员工踢开绊脚石的角度"挑刺儿"，让员工感受到管理者在帮助自己更好地发展。

（2）挑刺儿的深浅有门道。对于一些安于现状，任何事都喜欢按照管理者的吩咐做事的员工，在面对管理者的"挑刺儿"行为时，无法激起内心的不满和不服气，因此起不到激将激励的作用。此时，需要管理者戳中这类员工的痛处，从痛处挑刺儿才容易成功；而有的员工对自己很有信心，同时自尊心也很强，只要管理者轻微地在其工作中"挑刺儿"，就会引起员工的不服气，达到激将激励的效果。

（3）有的人不能被挑刺儿。对极度自卑的员工不能采取"挑刺儿"的激将激励法，否则可能使其彻底放弃在工作上的努力。

（4）对自尊心太强的员工挑刺儿不能太猛。自尊心太强的员工在受到别人的质疑时，首先表现得不服气，接着就是要得到管理者给出明确的挑刺儿原因。如果觉得管理者没有客观评价自己的工作，很可能使其对公司的管理失去信心和好感，进而萌生离开公司的想法。

（5）挑刺儿时不能牵扯进无关的员工。很多管理者在对员工"挑刺儿"时，总是不经意地将其与其他员工做对比，以期通过对比让员工深刻了解到管理者挑刺儿的公正性。但这样做会使员工对其他同事产生嫉妒和不满情绪，严重时可能造成拉帮结派以排挤用来做对比的员工，不利于公司的和谐发展。因此，管理者在对员工"挑刺儿"时，尽量从员工个人的角度出发，列明其工作中的不足。

（6）挑刺儿不等于否定员工的能力。有些管理者对员工一味地挑刺儿，将员工说得一无是处，明显地否定了员工的能力，可能导致员工开始怀疑自己，或者直接不服走人。作为管理者，在挑刺儿时指出员工的不足，同时也要表达对员工改正不足的信心，肯定员工其他方面的才能。

故意"挑刺儿"的做法并不能作为管理者经常采用的激将激励手段使用，否则会给员工一种"管理者吃饱了没事儿干，整天看人不顺眼"的感觉，让员工对管理者产生厌恶之情。

NO.101
同时放大平庸者优点和强大者缺点

放大工作能力平庸者优点和能力强大者缺点的一个重要作用是增强能力平庸者信心，同时挫挫能力强大者锐气并起到警醒作用。

能力平庸者在长期得不到公司认可或肯定的情况下，容易失去对工作的信心，进而没有激情投入工作。而能力强大者在长期受到关注和提拔的情形下，容易骄傲导致看不到自身的缺点。

案例陈述

查先生在一家销售公司的销售部做经理，平时很注重对员工的管理，秉承着不放弃任何一名员工的原则，总是用自己的方式帮助员工。前不久，部门里来了一个新人小辉，虽有一定的销售经验，但业绩总是提不高。查先生为了鼓励小辉，就找到他谈话："小辉啊，我看你最近的工作业绩不怎么好，是不是有什么困难，你可以跟我说，但是不要气馁，你看 ×× 能力虽然强，但他也有缺点，就是对待同事不够亲和，总是不能跟其他同事融洽地相处，这会给他以后的工作带来影响，没有十全十美的人，尽自己最大的努力就会有收获！"

原以为自己的这番话能够帮助小辉建立信心做好工作，但小辉在业绩上的表现并没有太大的提升。对此，查先生很是纳闷。

从上述案例中我们看到，查先生只是向小辉说明了能力强者的缺点，却没有正面肯定小辉的优点，无法让小辉相信自己的能力，进而无法成功建立对工作的信心。由此看来，放大能力强者的缺点和能力平庸者的优点最好同时进行，这样可以达到有效的激励。

而在能力强者面前放大平庸者优点的做法，可以对能力强者起到激将作用，让其感受到压迫感和威胁，同时感到不甘心，凭什么平庸者能轻易得到认可，而自己的缺点却被放大。这就会促使能力强者改正自己的不足，让自己成为一个全面发展的人，这样管理者在自己面前就没有理由再夸赞平庸者的优点了。

而当管理者发现了能力强者的真正缺点时，放大其缺点可以起到提醒员工的作用，让员工认识到自己虽然能力很强，但也不是无可挑剔的人，如果不改正这些缺点，很容易影响自己的工作前途。

如果被激将的强者恰好是一个虚心向他人学习的员工，那么还有一个好处，强者会谦虚地向平庸者学习其优点，起到同事之间互帮互助、互相学习的效果，为公司渲染一个和谐发展的工作氛围，同事之间和睦共处的良好工作环境，从而提高公司员工的整体工作效率。

NO.102
适当否定员工的成绩，促使其更加努力

有不足才有提高的空间，员工只有得知自己还做得不够完美才有动力和意愿更加努力改善。一个人一旦自我满足，就会安于现状而止步不前，不愿再花精力去提高自我。

案例陈述

小张在一家保险公司上班，平时工作积极努力，业绩也还算不错，目前已升职到主管的位置。销售经理袁先生把这些都看在眼里，为了防止年轻的小张对当前的工作状态感到满足而不知进取，偶尔会找小张谈话，讨论工作问题。不断帮助小张找到工作中的不足，鼓励小张进行改善。

最初小张觉得领导是看着自己不顺眼，总在给自己找"麻烦"。但时间久了，小张发现领导给自己提出的一些毛病明显地暴露出来，这才意识到领导对自己的"意见"是客观的，且是中肯的。此后，小张虚心接受袁先生的"教诲"，更加努力工作并改正不足。

管理者在否定员工成绩时，难免会遭到员工的质疑和不屑一顾。但管理者不能因此就对员工不管不顾，放任员工自我满足。那么作为管理者，如何运用好适当否定员工成绩的激将方法呢？

（1）作为激励员工的手段，最好采取暗否。该方法一般是从表现很好的员工身上找出缺点，若是在大庭广众下否定工作做得很好的员工的成绩，不仅会伤害被否定员工的自尊心和自信心，还会打击其他员工的自信心，让他们觉得"做得这么好了还不被看好"，不仅起不到激将作用，反而会打击到其他员工，所以暗否为宜。

（2）否定哪些方面的不足。管理者对表现好的员工进行适当否定时，可以是员工的工作态度、人际关系和工作效率等。这些因素可能掺假，平时在管理者眼里，员工可能工作态度很好、与同事的相处很顺畅或者完成任务的数量惊人，但实际上其对工作没有激情、不能真正融入团队或工作效率并不高等，管理者可指出来作为否定员工成绩的依据，让员工认识到自身仍旧存在的缺点，进而更努力改进。

（3）否定成绩不代表睁眼说瞎话。聪明的管理者都知道，否定员工成绩时不可歪曲员工切实取得的成绩，比如员工的业绩做到了一个月卖出 20 份保险，不可能冠冕堂皇地说员工的业绩只有一个月 15 份保险，这不是否定员工的成绩，而是抹杀员工的劳动成果。所谓否定员工的成绩，实际上是否定员工在工作中还做得不好的地方，而不是把客观存在的成绩给抹掉。

NO.103
激将法与能量、行动的关系

在激将法实施过程中，无论是过激的言语还是温柔的言语，都可以在短时间内激发人的斗志，但要真正激起员工内心稳定、持续的斗志，还需要明白一些关系。

众所周知，激将法就是要燃烧起员工的工作斗志，而这其中包含两个方面：一是行动，二是能量。行动决定了员工对目标的渴望程度，而能量决定了员工心中对某工作的认可程度和坚韧程度。

（1）当能量跟不上行动时，员工就会处于一种外部过度消耗的阶段，开始自我贬低和自我怀疑。此时就需要激将法为员工补充能量和动力，使能量跟上行动，让员工有充足的能量继续认真工作。

（2）当能量超过行动时，表现为虽有很高的前进欲望，但内心对工作充满了抵触情绪，办事开始拖拉，行动力越来越低。此时需要激将法给予员工行动的理由和爆发能量的导火索，让员工的能量得到充分发挥，做出应有的行动。

（3）当员工没有能量也没有行动时，就会处于一种没欲望没作为的状态，这种情况最糟糕，对管理者来说也要费很大的功夫才能激发员工的动力，激将法的效果可能会不明显。但即使如此，最有效的激励法莫过于激将，可以刺激员工的神经，让员工从麻木的状态中醒来。如同含羞草，人们在观赏它时它和一般的植物没有什么区别，一旦有东西触碰其枝叶，它就会马上做出反应合拢叶片。激将法刺激员工，让员工感受到威胁和压力，从而激发好胜心，抱着强烈的愿望完成工作。

（4）当能量与行动相当时，员工处于较好的工作状态，有信心做好手里的工作。但这并不表示员工的工作不会出现问题，此时激将法的作用就是帮助员工维持能量和行动间的平衡关系，达到在工作中有持续斗志的目的。

这样看来，激将激励的作用面不仅是行动力，还有能量面。只有当能量和行动处于同一个层面时，员工才能被真正地激发出好胜心和潜能，进而在工作中有更好的发展。

纵观整个公司的人员结构，激将激励法的最有效作用对象莫过于"将"，比如公司的管理人员、半管理人员以及即将上升到管理层的员工，这些员工对自己的工作有很高的欲望，而管理者能从这些欲望中下手，更容易找准员工的要害和痛点，激将激励的效果也会更好。

但管理者在使用激将激励时一定要谨慎，这一方法存在很大的弄巧成拙风险，很容易"偷鸡不成蚀把米"，不仅不能激励员工，反而会加速员工的消极行为，如主动离职和奋起反抗等。

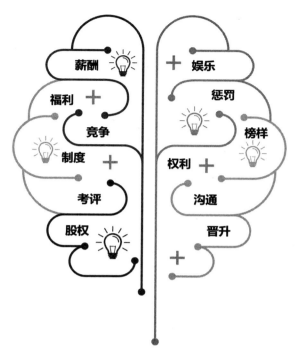

第 12 章
其他激励少不了，辅助效果好

在前面的章节中，我们系统地认识了很多大方向的激励方法。对于公司来说，在这些大方向激励方法中，再结合一些细微的激励方法，可以对激励效果起到辅助和补充作用，让公司对员工的激励更有效，也让员工享受到各个方面的利益。

NO.104
授之以渔的培训激励法

随着社会的发展，市场竞争已越来越激烈，企业对员工的素质要求也越来越高。而对于一些有想法的员工来说，公司提供的人才培训机会就是很好的激励手段。这种授给员工以工作技能的激励法越来越受到员工的欢迎，让员工坚定信念继续努力地为公司效力，也为自己的前途奋斗。

案例陈述

湘莲在一家销售公司做业务员，销售技巧对她来说是做好工作的有利工具，但因为经验不足，销售技巧缺乏，销售业绩总是提不上去。对此，湘莲一直很苦恼。

不久后，公司给员工们提供了一次学习的机会，请专门的讲师给员工授课，主要内容就是销售技巧的学习。这让湘莲感到格外高兴和幸运，于是积极报名参加了培训。起初，湘莲不太适应活跃的授课氛围，不能放开自己投入到同事的相互讨论中去，也跟不上大家的上课步调，于是向部门领导求助，得到了领导的开导和鼓励，在培训课上逐步打开心扉，跟着讲师和同事的步调完成了培训。至此以后，湘莲的业绩有了明显的进步。

为了达到通过培训员工而激励员工努力工作的效果，企业在培训员工时要注意以下原则。

（1）要为员工拟定培训计划。如果让员工自己凭感觉或靠有限的经验去摸索提高自己的工作能力，效率会较低，一旦受到困难的阻碍很容易丧失信心，甚至对企业经营管理产生反感情绪；即使能勉强应付或者渡过难关，也可能形成不良习惯，给以后的工作带来不便。所以，领导者要有预见性地帮助员工拟定培训计划，起到事半功倍的效果。

（2）要切实满足员工对培训结果的需求。企业要想通过培训来激励员工，必须使培训的内容能满足员工的需求。狭隘单一的职业培训不仅不受员工欢迎，还会引起员工的抵触情绪。而丰富多彩、全方位且多层次的培训，能让员工如获至宝，较好地激发其对工作的积极性和主动性。

（3）要掌握培训的最佳时机。从纷繁复杂的岗前培训实践中得出的结论是，开展培训的最佳时机应该是新员工进入企业初期，在激发新员工工作热情的同时，还能增加新员工对企业的了解和认可，否则新员工对企业可能产生距离感。但在企业工作的过程中为员工提供培训和学习的机会，也是一种掌握培训最佳时机的方法，毕竟人需要活到老学到老，不断学习的机会就是提高员工能力的最佳时机。

NO.105
"能叫其名，如买其命"的名字激励法

对员工来说，若企业的管理者能够记住自己的姓名，则会感到非常荣幸，内心也会受到极大的鼓舞。尤其在中小型企业，甚至规模更大的企业中，如果管理者能从众多员工中轻易地叫出一个员工的名字，那么该员工将会感到无比自豪，荣誉感可能会爆棚。

当然，管理者要记住员工的名字并不是件容易的事，需要下一点工夫。如果要记住很多人的名字，方法有如下几种。

（1）当员工自我介绍时，要认真仔细聆听并记在心里。有的管理者虽然会主动询问员工"贵姓"，但在对方自我介绍时并没有认真倾听，导致对方还未离开视线就已经不记得其姓名。如果记忆力差，可以说"对不起，我没有听清楚"，让员工再次报出姓名来加深记忆；还可以在员工自我介绍时，将其姓名用巧妙有趣的方式记一记，使管理者记住员工的名字不再是难题。

（2）绑定员工的名字和特征。人有多方面特征，一是名字特征：有些员工的名字里出现了生僻字或者不常用来作为名字的字，有的员工名字和某明星同名等；二是外形特征，如眼睛特别大、胡子特别多或者前额很突出等；三是职业特征，如某人技术特别好，某人学习能力特别强等。学会将名字和特征对应，记住员工的名字就不是难事。

（3）好记性不如烂笔头，将员工的名字记下来。管理者闲来没事的时候可以准备一本笔记本，将员工的名字按照部门分类有序地记下来，然后在空闲的时候拿出来看看，可以有效加深对员工名字的印象，有助于记住员工的名字。虽然管理者能够从人事部直接获取员工的姓名和基本信息，但很难对号入座，容易造成管理者张冠李戴的窘境。所以管理者最好能亲力亲为，在认识员工的同时记住员工的名字。准确记住员工的姓名也是对员工的一种有效激励。

小贴士

管理者若是想利用笔记本记住重要客户的姓名和信息，则笔记本不能出现在客户的眼前，否则会给客户一种"该公司管理者连客户名字都记不住，还需要笔记本记录才能记得"的感受，这样会影响管理者甚至公司在客户心中的形象。

（4）多与员工接触，百闻不如一见。管理者可利用公司组织的各种活动来认识员工，这样既能顺其自然地得知员工的姓名，也能增进与员工之间的感情交流。在多次的谈话交流以后，管理者想不记住员工的名字都难。

NO.106

为员工营造良好的工作环境

良好的工作环境能让员工有心情工作，并且能自觉主动地做好手上该做的事。所以，企业管理者可以从为员工制造良好工作环境的角度出发激励员工。具体可从以下方面着手。

（1）事物环境。事物环境是客观的，类似于自然环境，如办公室的布置和摆设等。要从员工的健康和心情等方面出发，做好办公室的装饰和植物摆设。

◆ **办公室植物的选择**：一般的企业，办公室中常用的植物要属绿萝等类植物，这类植物不仅好养活，更重要的是能防辐射，通常在企业办公室工作的员工每天都会对着电脑，而电脑辐射对身体有害。绿萝作为防辐射的植物佳品，是最明智的选择。再从企业经费角度出发，绿萝等较便宜，不会带来经济负担。除此之外，公司还可根据实际情况选择合适的植物。

◆ **办公室的装饰讲究**：办公室的装饰以敞亮、简单大方为宜，另外一定要做好办公区域的卫生工作，让员工每天身处干净舒适的环境中。

◆ **员工个人办公区环境：**要求员工做好个人办公位置的卫生，桌面整洁，及时清除垃圾，集众人力量营造良好的工作环境。

对于在外面跑业务的员工，尽量给其足够的自由发挥空间，做好监督工作即可，不要过度监督和约束。

（2）人文环境。除了事物环境外，员工工作的另一大环境要属人文环境，比如公司制度、工作氛围和公司文化等。这些因素也会影响员工的工作情绪和工作状态，营造良好的工作环境，少不了对这些因素进行控制。

◆ 企业文化要积极向上，要能给予员工正能量和动力，要能为员工指明工作的方向和准则。

◆ 企业要给员工一种轻松愉悦、和谐共处的工作氛围，让员工能在工作中释放压力，找到工作的激情。

◆ 企业要尽量设计出完善的管理制度，为员工做好约束保障，规范员工行为，营造有序的工作环境。

给员工创造良好的环境，首先应该基于公司的实际情况，迎合公司业务和工作内容的需求。没有固定不变的设计方案，也没有必须要遵循的条律，一切以促进企业和员工自身的发展出发，营造出属于企业的、个性化的良好工作范围。

另外，工作环境会随着公司的发展和人员的变动有所改变，企业也要顺应这种改变而不断变化工作环境，以期符合员工和公司对工作环境的需求。

NO.107
兴趣激励给员工恰当定位

宝贝放错了地方就是废物；而放对了地方却没有好好利用，也会成为废品。人往往对自己感兴趣的事情很上心，而且做事时会格外热情甚至热血。企业可以抓住员工的这一特性，在给员工安排工作时尽量贴合员工的兴趣，做到恰当定位，让人才真正发挥潜力。

孔子曰："知之者不如好之者，好之者不如乐之者。"因此，在工作的兴趣激励中，管理者必须为员工寻求工作的内在意义，即为员工创造工作的意义和价值。只有当员工体会到工作的内在价值与意义时，才能真正积极努力做好工作。那么管理者在进行兴趣激励时，具体操作有哪些呢？

（1）提供工作设计。对工作内容、职能和工作关系进行设计，包括对现有设计的调整和修改，通过合理有效地处理员工与工作岗位之间的关系来满足员工个人需求，实现组织目标。

主要操作内容有：确定工作职责、权限、信息沟通方式和工作方法，确定工作承担者和其他相互联系交往的范围、建立友谊的机会和工作班组相互配合协助的要求，确定工作任务完成所达到的具体标准（产品产品、质量和效益等），确定工作承担者对工作的感受与反应（工作满意度、出勤率和离职率等），以及确定工作反馈等。在工作设计中考虑员工的因素越多，对员工的激励效果越明显。

（2）工作内容多元化。企业适当增加一些与员工现任工作前后关联的新任务，或者增派一些原来由经验丰富的员工、专业人员甚至经理做的工作，也可以在设定绩效目标的前提下，鼓励员工用适合自己的方式去实现绩效目标。

（3）自由选择喜欢的岗位。一家具有一定规模的企业，其岗位必定多样化，企业可以适当允许员工按照自己的兴趣爱好自由选择岗位。"适当"表现在企业人员需求和岗位供求关系允许的情况下让员工自由选择。

（4）开放反馈渠道。开放反馈渠道，让员工本人直接获得企业的有关信息，而不要通过别人间接传达。"直接跟员工接触"可以让工作进行质量自检，也是一种激励员工自觉工作的方法。

（5）创新工作内容，使其更具个性化。企业可以从工作内容出发，尽量使员工的工作富有生气，让具有不同兴趣的员工都找到迎合自己的个性化工作。

NO.108
赋予喜欢发牢骚的人以新的角色

　　员工在工作中，难免会遇到不称心的事情，坏心情就会紧随其后影响员工工作状态。不同的是，有的员工喜欢通过发牢骚的方式将内心的不满发泄出来，而有的员工即使牢骚满腹也不会轻易地表露出来。无论如何，管理者都要学会帮助员工排解内心的消极情绪，让员工保持良好的心态积极工作。

案例陈述

　　小陈在一家公司的人事部工作两年了，每天重复着同样的事情，时间久了，小陈开始觉得烦躁，经常向周围的同事抱怨。主管谢先生多次碰到小陈与其他同事闲聊，都在为了自己的工作发牢骚。谢先生认为，这么发展下去会影响整个团队的工作氛围和士气。于是决定给小陈安排他从来没有做过的工作——销售。

　　做了不到一周的销售工作，小陈向谢先生说明自己坚持不下去了，还是希望回到原来的岗位工作。被问及缘由时，小陈不好意思地说："原以为只在人事部做事不能发挥自己的才能，想做做其他工作。但做过其他工作之后才发现，还是在人事部的工作比较适合自己。"此后，谢先生再也没有听到过小陈的抱怨。

世界上不缺心大的人，想要尝试的东西很多，总是抱怨自己当下的境况有多糟糕，而且还喜欢将内心的不满通过发牢骚的形式表达出来，以期得到他人的关注而改变现状。为了能够让员工清楚自己想要的，不再对工作或公司有所不满，管理者可以借机给员工转换角色，让员工在体会不同的工作从而评定自己的牢骚是否有用。

给予新角色，满足员工的好奇心。员工的抱怨主要针对当下的工作，如果给予新角色，不但可以转移员工的注意力，而且还能让员工继续保持对公司工作的好奇和热情。在赋予新角色时，可以从如下几点入手。

（1）赋予员工想要尝试的角色。管理者向员工赋予其想尝试的角色，一是可以满足员工的要求，二是可以在员工尝试失败后让其明白想象和现实有差异，意识到之前的角色更适合自己。

（2）安排员工到缺人的岗位。不但可以满足员工对新工作的要求，而且也能解决公司缺人的困难。最好的状况就是为工作岗位找到合适的人才，而最坏的结果是公司缺人的困境没有得到改善，且员工意识到自己还是适合原来的岗位。

（3）可以安排与员工性格不相符的岗位。这一做法是管理者让员工被动接受原来工作的手法，刻意让员工不适应新的角色，促使员工不再对原来的工作发牢骚，从而安心地在原岗位认真工作。

NO.109

把握员工的性格，分配"有趣"的工作

让员工感受到工作是一件有趣的事情，可以有效调动员工的积极性，单调而枯燥的工作会削弱员工对工作的热情和积极性。很多人喜欢做一些具有挑战性的工作，工作变化的可能性越大，越能激起员工的斗志。

尽管有些员工对平稳的工作情有独钟，且不喜欢创新，做事一般比较循规蹈矩，但他们对工作程序本身的变化总是抱有强烈的愿望，并且潜意识里还是希望能在自己感兴趣的岗位上工作。那么，不同的性格可以分配怎样的工作呢？

（1）现实型性格的员工适合操作类工作。这类员工一般喜欢户外、机械以及体育类的活动或职业，喜欢与"物"打交道而不是与"人"打交道，喜欢制造或修理东西，喜欢操作设备和机器，喜欢用熟悉的方法做事并建立固定的模式，考虑问题往往比较绝对，所以适合重复有规律的工作。

（2）探索型性格的员工适合财务和分析统计类工作。这类员工好奇心强，勤学好问，喜欢了解、解释和预测身边发生的事，有探索的热情，独立自主并喜欢单枪匹马做事，不喜欢管人也不喜欢被人管，喜欢解决抽象含糊的问题，但缺乏领导能力和说服技巧，所以比较适合财务、金融或数据分析统计等方面的工作。

（3）艺术型性格的员工适合设计或策划类工作。这一类型的员工有创造力，善于表达，有原则、有个性，喜欢与众不同，不喜欢笨重的体力工作，也不喜欢高度规范化和程序化的任务，在衣着与言行举止上倾向于无拘无束、不循传统，喜欢在无人监督的情况下工作，处事比较冲动，所以适合设计和策划类工作，而不适合公关、销售和后勤等工作。

（4）社会型性格的员工适合与人打交道的工作。这类员工友善、热心、外向且喜欢合作，善于交流并洞察别人的情感和问题，不喜欢从事与机器有关的工作，也不喜欢结构严密且重复性的工作，而教师、顾问、公务员、销售员及公关部工作等比较适合。

（5）管理型性格的员工自然适合管理类工作。这类员工外向、自省且有说服力，喜欢有胆略的活动或工作，支配欲强，对管理和领导工作感兴趣，通常喜欢追求权力、财富和地位，善于辞令，所以可以安排领导性工作给这类员工。

（6）常规型性格的员工适合烦琐但细腻的工作。这类员工做事一板一眼，脚踏实地，喜欢做抄写和计算等遵守固定程序的工作，做事有效率且尽责。比较合适的工作有人事部、财务部和行政部等工作。

NO.110
在特定的场合选择适当的表扬方式

成功之路离不开天时、地利与人和。企业要成功激励员工，也需要注重天时、地利、人和这三要素的融合。激励的效果往往受到环境、方式和受激励对象等因素的影响，因此管理者要懂得在特定的场合选择适当的表扬方式来激励员工。

管理者对员工的表扬方式有多种,但最常见的有以下4种表扬方式。

◆ **当众不提名，表扬团队成员**：表扬团队而不是个人，容易使员工对号入座，认为领导表扬的是自己，可以激励大部分员工的工作激情。

◆ **一对一口头表扬**：这种方式可以用于真表扬，肯定员工之前的工作并鼓励以后的工作，比如升职和加薪等；也可用于假表扬真鼓励。对表现不是很出众但属于综合素质较高的员工，因为种种原因而一直没有发挥出最佳能量，此时管理者就可进行一对一的口头表扬，鼓励其某种行为或能力，使其通过努力取得更好的成绩。

◆ **借上司之口表扬**：这种方式适合对核心团队成员和团队老成员表扬，从而让这些员工感到高级领导一直在关注他们，这样可以起到更好的激励效果。

◆ **从小事上称赞员工**：这一方式不仅增加了管理者对员工表扬的可能性，同时让员工切实感受到自己努力获得的认可，让员工为自己的小小进步而欣喜，进而提高对工作的积极性和热情。

通过了解以上 4 种常见的表扬方式，可以概括和推断出这些表扬方式适合的场所。

（1）在公众场合适合第一种和第二种表扬方式。这会使员工感受到公司对自己的认可，同时满足员工的荣誉感、虚荣心和自尊心，进而激励员工能把更多的自愿情感投入到工作中。

（2）平时工作场合适合第三种和第四种表扬方式。这两种表扬方式更贴近员工的真实工作环境，在员工平时工作中实施，可以让员工不断感受来自管理者或者公司的肯定，从而持续为员工注入前进的动力，让员工不断努力为公司效力。

（3）在有重要客户的场合时适合第一种表扬方式。很多企业型客户比较看重公司的团队实力，而且也相信团队合作的力量，因此在这类客户存在的场合，管理者以表扬团队的整体能力为宜。

（4）在上级领导决定升职提拔等问题的场合适合第二种表扬方式。领导喜欢准确的答案，因此在征求提拔人员意见时，往往也希望获得他人肯定的回答，此时管理者需要通过表扬员工个人来突出员工的能力，这也能让领导明确哪位员工的实力值得被提拔。

如何利用责任激励避免"林格尔曼效应"

林格尔曼效应指林格尔曼著名的"拉绳子"实验，分析了在拉绳过程中，单个人在群体中的表现。在实验过程中，林格尔曼负责测量拉力大小，当他让越来越多的人参与拉绳时，发现尽管总体拉力在增加，但每个成员施加的平均拉力在减少，这与团队合作时成员更卖力的传统理论相悖。而林格尔曼将这一结果归因于当时所谓的"社会惰性"，即一个群体或团队往往"隐藏着"缺少个人努力的现象。

而为什么会出现这种现象呢？主要是动力和动机的问题，或者说是一个责任感问题。当一个人在拔河时，他必定会竭尽全力（假设参与者期望赢得拔河比赛），因为此时没有他人可以依赖，如果自己不出力就不可能赢得比赛，责任明确且无可推卸。

但当拔河的人数逐渐增加时，人的心理活动就会发生变化：大家都知道拔河比赛中会有人偷懒，由此觉得自己偷点懒是理所当然、问心无愧且无可指责，于是松懈起来也就心安理得；而也有人会想这么多人在努力，自己稍微松懈一点应该不会影响大局，所以也会偷懒。

问题就在于这是一种普遍的心理，当以为只有自己在这么想的时候，其实其他人也在这么想着偷懒，以至最后让大局受到影响。在企业发展过程中，团队合作也免不了出现这样的现象，团队成员可能都想偷懒，以为不会影响团队的成绩，但其实大家都想着偷懒的同时就会给团队工作带来致命打击。这其中最根本的问题就是员工缺乏对企业或工作的责任感，因此要避免林格尔曼效应给企业发展带来阻碍，就要帮助员工建立对企业及工作的责任感，也就需要企业对员工进行责任激励，具体做法如下。

（1）给予责任和交代责任。实施责任激励的起点是给予责任和交代责任，把责任给予谁？何时给予？怎样给予？把握这 3 个层面，可以更好地实施责任激励。

◆ **把握时机，及时赋予责任**：作为企业管理者，要在统筹全局的前提下做到科学合理地分解责任和及时使责任到岗到人。"及时"本身就是对员工的重视和信任，赋予责任及时，员工可以在工作激情还未消退的情况下继续投入工作。

◆ **向员工说清楚责任的内容**：细说员工分内应做之事，表述对员工责任的要求，能让员工感受到公司对其能力的肯定，增添员工履行责任的自信，从而鼓足工作的勇气。另外还要说清楚员工做不到应做之事所要承担的责任，给员工一定的工作压力，使其产生担负责任的危机意识，从而努力提高工作责任感。

◆ **提升责任的重要性**：尽可能让员工感受到自身责任的重大，促使员工增强自身的责任感，而管理者可以从说话语气和对员工责任进行理论分析这两方面着手。

（2）检查责任的执行。给予员工责任之后，管理者要有目的地检查责任的执行情况，使检查过程成为责任激励的一种手段。

第一，到岗之前要态度。让员工在进入责任岗位之前明确表态，引导员工明白自己是否愿意接受责任？为什么接受责任？让员工对工作的承诺成为一种自我激励。

第二，岗位之中要进度。告知员工责任检查的日期和检查项目的内容，并严格按照检查日期对员工责任进行检查，让员工能够严格按照检查日期的要求，承担按时完成工作的责任。

第三，出现问题不急于追究责任。工作中难免会出错，只要不是渎职，管理者切勿急于追究员工的责任，本着引导的原则帮员工解决问题，如此体现管理者的领导责任，相应地对员工有了榜样激励。

（3）善于追究责任。管理者在追究员工责任的环节，一不小心就可能使员工的积极性受挫，所以追究责任也要讲究方法和技巧。

- ◆ **明追究：**适用于因工作状态造成的履行责任不力，或造成损失较大的情况，领导者在这种大是大非面前的原则性是一种激励。
- ◆ **暗追究：**适用于员工态度端正但能力有限或各种客观因素导致履行责任不力的情况，保护员工自尊的同时给予员工重新振作的机会，领导者的这番苦心对员工来说也是一种激励。

NO.112
娱乐激励让员工劳逸结合

幽默不但可以减轻疲劳，还能振奋精神，特别是对那些从事重复性工作的员工最有效。这些员工如果能在轻松愉悦的氛围中工作，往往能提高工作效率，超额完成任务或提前完成任务。

案例陈述

小夏在一家婚庆公司工作，平时的工作就是为即将举办婚礼的新人策划整个婚礼的流程。婚礼对于每一对新人来讲都是一种特别的仪式，因此小夏和同事们的工作对创意性要求很高。而创意并不是随随便便信手拈来，需要有灵感，所以小夏和同事们经常遇到策划没有进展的情况，而且沉闷的工作环境也抑制了他们的思维。

于是，公司老板决定组织员工们在国庆节的时候到郊外游玩，希望通过这种娱乐活动给予员工策划灵感，从而顺利地完成工作。果不其然，郊游过后，好几位员工都交出了令结婚新人满意的婚礼策划方案。

由上述例子可以看出，国庆郊游不仅让员工从疲劳紧绷的工作情绪中解脱出来，还让员工接触到大自然最纯粹的美好景色，这对婚礼策划的灵感激发有很大的帮助。

作为企业的管理者，要做好娱乐激励，不仅要选好娱乐激励的方式，还要注重娱乐激励是否符合实际情况。

（1）组织郊游。让员工跳出古板的办公室工作环境，感受更自由无拘束的生活，减轻工作压力，缓解紧张情绪，有张有弛，让员工可以重新整理心情，继续努力工作。

（2）组织文体活动。比如企业成立周年晚会或者庆功宴等，通过这些文体活动把各部门的员工集合在一起，促进部门员工之间的感情交流，有利于企业工作更顺畅地开展，同时还能利用员工之间的情感帮助企业挽留想要离开的员工。

（3）提供娱乐的机会。偶尔为员工提供一些娱乐项目和机会，比如奖励员工周末的电影票或景区门票，让员工感到不娱乐就浪费了公司苦心，在某种程度上强迫员工放松自己。而且这种方式完全取决于员工自己的意愿，但表达了公司的诚意，也会起到激励员工的作用。

（4）组织聚餐活动。很多外交谈判和客户合作等都离不开聚餐活动的促成。吃饭时本身就是人最放松的时候，因此企业管理者可以通过聚餐的方式拉近与员工的距离，通过情感交流提升员工对企业的好感，进而愿意继续为公司效力。另外，有需求或有条件的企业或团队，还可以组织唱歌等娱乐活动作为情感交流的辅助手段。

NO.113
共享激励，让员工之间共同进步

共享工作资源和荣誉，不仅可以让员工之间相互激励，从而更加努力工作，而且还树立起管理者的人格魅力。所以越来越多开明的企业开始实施新的激励策略，比如对知识共享员工进行奖励。

案例陈述

小张在一家贸易公司上班，是一名刚毕业的普通销售员。由于缺乏实战经验，总是在开展业务的过程中出现错误，业务谈不成，客户拉不到。庆幸的是，其小组中的游姐是一位热心的大姐姐，看到小张业务上遇到困难，便主动向小张传授了自己在做销售时的经验和方法，并鼓励小张不要气馁，业绩会慢慢变好。

果然，在此之后，小张感觉自己跑业务时更加顺利了，也越来越有信心做好工作。企业因此奖励了游姐，带动越来越多热心的同事主动帮助有困难的员工。

然而，有些工作性质决定了同事之间不得不相互竞争，对自己的工作技巧和方法藏着掖着，不愿意因为"泄露"了自己的工作经验而使其他同事获得进步或升职的机会。所以，各企业还需根据自身的实际情况，决定是否实施共享激励。尽管如此，管理者也要掌握一些共享激励的知识和要点，避免共享激励阻碍企业的发展。

（1）工作中涉及到的基础知识要提倡员工之间共享。工作中涉及到的基础知识往往会影响整个团队的工作效率，提倡员工之间共享这些知识，可以防止员工对最基础的工作都不了解或不知道的情况发生，从而尽可能地提高每一位员工的工作效率，同时也帮助新员工尽快适应工作，建立工作信心。

（2）工作中涉及到的方法型知识要鼓励员工之间共享。方法型的知识属于员工自己的财富，其愿不愿意共享取决于员工自己的意愿。作为管理者，当然希望员工能够将其经验和方法共享给其他员工，提高整体工作效率，但也不能强迫员工必须将自己的工作方法共享给其他同事，所以只能采取鼓励的方式，帮助弱势员工争取获得现成方法的机会。这样，弱势员工会感激企业和分享方法的同事，从而坚定信心，做好自己的工作。

（3）鼓励员工分享荣誉。任何员工都希望自己的努力能给公司发展创造价值，并且公司也能适当地给予认可、奖励或荣誉。共享荣誉可以凝聚团队成员的心，从而激励员工更加积极努力地工作。另外，荣誉共享还能满足大部分员工的虚荣心，起到大范围的激励效果。

NO.114
岗位轮换激励，激发工作热情

日复一日地重复单调的工作总会令员工心生厌倦，岗位轮换则可以使员工的工作内容丰富化和扩大化，让员工不断激发出对工作的激情。

管理者激发员工"想干"的情绪，尤其是对那些懒惰成性、意志消沉的员工。而事实上，这种"想干"的情绪是可以培养的，管理者只需重整环境，改变氛围，将这些员工调到一个"想干"的位置，就可以轻易提起他们对新工作的兴趣。

然而，岗位轮换激励并不是随随便便实施，对员工进行无序的岗位调换，不仅会影响员工之间的工作衔接，严重时会影响整个公司的运营顺畅性。所以，企业管理者要掌握好岗位激励的方法和注意事项。

（1）岗位轮换应主要面向优秀中层管理人员和基层人员。面向优秀的中层管理人员和基层人员，可以使他们对企业的经营管理或其他岗位的职责有更全面的了解，为晋升和承担更多责任打下基础。但有些企业却主要面向高层管理人员进行轮换，试图通过换位思考来培养高管的全局观，而这一做法会存在一些负面影响。

◆ **降低工作效率**：高层管理人员由于轮岗，偏离其熟悉领域，下属要重新适应其管理风格，导致沟通和工作效率降低。

◆ **破坏高层管理人员的凝聚力**：高管轮岗影响各自利益，容易引发高层之间的办公室政治。

（2）岗位轮换必须要有秩序。正确有序的岗位轮换程序对岗位轮换的执行和激励效果有重要作用。一般在对员工进行岗位轮换前，需要通过一些程序审核，如员工自己提出调职申请交所在部门主管审批，人力资源部对申请调职者进行岗位适应性面谈和了解，与调入部门主管协调，调入部门主管与调职者沟通岗位职责和目标，以及调职者交接工作并到新岗位就职。

在实际操作过程中，人力资源部对调职员工缺乏新岗位适应性考察或员工交接工作不彻底等，都会影响岗位轮换激励的效果。

（3）其他岗位轮换要点。员工对一个岗位的熟悉需要一定的周期，因此岗位轮换不能太过频繁，否则会打击员工的工作自信心；岗位轮换跨度不能太大，技术岗与管理岗的工作内容相差甚远，轮岗时要谨慎；岗位轮换不能离开评估，人无完人，没有员工能够适应所有岗位的要求。为了员工能够尽快适应新岗位，防止消磨掉员工的耐心和热情，应该事先对调职员工和新岗位进行评估，帮助员工合理轮岗。

NO.115
目标激励给员工前进的动力

目标是组织对个体的一种心理引力，设置适当的目标，以激发员工工作热情。目标在心理学上被称为"诱因"，即能够满足人需要的外在物。而目标激励是指企业制定出中长期发展规划，在员工中进行广泛深入的宣传，让员工看到企业发展的前景，提供给员工实现自我价值的机会，激发员工创造性思维的火花。

目标激励是一种长远激励法，有利于保持员工长久的工作积极性。那么，企业在对员工实施目标激励时，需要注意如下事项。

◆ 员工个人目标尽可能地与企业或集体目标一致。

◆ 设置的目标方向应具有明显的社会性。

◆ 目标的难度要适当。

◆ 目标的内容要具体明确，最好有定量要求。

◆ 应该既有近期的阶段性目标，又有远期的总体目标。

企业管理者注重目标激励注意事项的同时，还要掌握一些目标激励的方法。

（1）激励员工积极参加公司组织的竞赛或者业绩比拼活动，在这些活动中大显身手。

（2）目标激励与奖励激励相结合，让员工有盼头，可以因为奖励的存在而努力达成上级下达的任务目标，从而让目标激励法产生真正的效用。

（3）加强目标管理，在员工为了达到目标而努力工作的过程中，管理者需要时刻关注员工的工作进度，视具体情况而灵活变化目标，使目标激励不再是一种死板的激励方法。

（4）对自信心不足的员工，初始目标不能定得太高，否则容易一开始就打击员工的工作热情，进而不利于日后工作的开展。

（5）对好胜心强的员工可以制定重大目标，这不仅不会打击员工的信心，反而会刺激员工更加拼命地工作，以期达到目标来体现自己强大的能力。

（6）对企业普遍员工实施目标激励时，目标的制定要适当并合理，既不能太高，也不能太低。目标太低起不到目标激励的效用，而目标太高会使员工放弃奋斗的决心和动力。

（7）要想得到理想的目标激励效果，管理者还需要对目标激励的过程进行严格考核，对达到目标和未达到目标的员工采取相应的奖励或惩罚措施，从而使目标激励真正发挥激励员工积极工作的作用。

NO.116
展现公司愿景，为员工编织美梦

企业愿景是增强企业凝聚力的核心要素，也是一种激励员工的有效手段。企业向员工展现真正的愿景，能够激发出员工无穷无尽的力量和激情，创造出巨大的效率和效益。

古时张良、韩信和萧何之所以会死心塌地为刘邦卖命，是因为刘邦向其展现了一幅统一天下的愿景，并且他们知道刘邦会满足他们的需求，跟着刘邦做事有前途有利益。而高起和王陵的"陛下使人攻城略地，因以与之，与天下同其利"，道出了如今企业管理的真谛：共同的利益与企业发展的共同愿景才是员工为企业工作的真正原因。而企业要激励员工为公司效力，必须让员工能够理解企业的长期愿景并主动地按照企业的要求去做，这也是员工激励的目的。

企业为员工编织的美梦中，包括了企业的发展方向、发展目标、员工能够得到的利益以及与员工和企业利益相关的方方面面。那么企业如何才能为员工编织出一场美梦来达到激励的目的呢？

（1）明确提出企业愿景与核心价值观。核心价值观是保障员工在企业发展中的未来利益的前提条件，有了核心价值观作为企业发展的指导，为员工"美梦"成真吃一颗定心丸。而企业的愿景就是"美梦"，也就是为员工提供一个激发动力的目标。

（2）突出岗位价值和企业核心价值的紧密联系。任何员工都希望自己在职工作能获得好的发展，工作前途大好。只有感到岗位具有价值，才能心甘情愿自觉工作。因此，企业要让员工相信"美梦"的存在，必须让员工从企业的核心价值中看到自身岗位的价值，确定能切实获得利益才能完全相信"美梦"会实现，从而有激情和动力卖力工作。

（3）合理进行培训和思想引导。对于内心不坚定的员工，要持续不断地为他们注入能量，同时还要帮助员工树立正确的价值观和人生观，这就需要企业对员工进行培训和思想引导，简单来讲就是建立企业文化的过程。通过培训来提高员工的能力，使其看到公司发展的大好前途，并相信"美梦"会成真。而思想引导起到优化"美梦"的作用，增强员工对实现"美梦"的强烈愿望，从而更加积极努力地工作。

（4）做好企业经营管理工作。只有企业真正强大起来，才能给予员工相信"美梦"存在并能够实现的信心，所以需要管理者们切实做好企业的经营管理工作。